ALTER ego

MÉTHODE DE FRANÇAIS

1

Annie BERTHET
Catherine HUGOT
Béatrix SAMPSONIS
Monique WAENDENDRIES

professeurs formateurs à l'Alliance française de Paris

HACHETTE
Français langue étrangère
www.hachettefle.fr

Crédits photographiques

p. 30 : © Alfred Wolf/Hoa-Qui, © Scott Doug/AGE Fotostock/Hoa-Qui, © Gérald Morand-Grahame/Hoa-Qui, © Hervé Champollion/TOP, © Ehlers Chad/AGE Fotostock/Hoa-Qui.

p. 33 : © Ulrike Schanz/Jacana, © Claude Pavard/Jacana, © Cornélia et Ramon Dorr/Jacana, © Michel Denis-Huot/Jacana.

p. 65 : Gamma : © Étienne De Malglaive, © David Silpa/UPI/Gamma, © Beinainous-Duclos, © David Lefranc/Gamma, © Tsuni/Gamma, © Unit 2/X17agency.com, © Sébastien Dufour/Gamma, © 0463.

p. 78 : © Philippe Leroy pour *Elle*.

p. 88 : Jacques Carelman, *Le Catalogue des objets introuvables*, © ADAGP, Paris 2006.

Conception graphique et couverture : Amarante

Illustrations : Bernard Villiot

Mise en pages : Médiamax

100%
PAPIER RECYCLÉ
3.1244.121

ISBN : 978-2-01-155421-5

© Hachette Livre 2006, 43, quai de Grenelle, F 75 905 Paris Cedex 15.

LES LANGUES

1

Dites dans quelle langue les mots sont écrits.

Exemple : voyage ➜ *C'est écrit **en français**.*

1. travel	**2.** du lịch	**3.** viaggio	**4.** путешествие	**5.** سفر	**6.** 旅行

1. .... 4. ....

2. .... 5. ....

3. .... 6. ....

LES NATIONALITÉS

2

Trouvez la nationalité de chaque diplomate.

Exemple : ➜ *C'est un diplomate **marocain**.*
MAROC

1. ITALIE 2. ALLEMAGNE 3. CHINE 4. ESPAGNE

1. ....

2. ....

3. ....

4. ....

LES NOMBRES

3

Écrivez les chiffres en lettres.

A M S T E R D A M	C H I C A G O	S Y D N E Y
E M B A R Q U E M E N T	E M B A R Q U E M E N T	E M B A R Q U E M E N T
P O R T E 6 8	P O R T E 1 5	P O R T E 4 3

1. Porte .... **2.** Porte .... **3.** Porte ....

L Y O N	K Y O T O
E M B A R Q U E M E N T	E M B A R Q U E M E N T
P O R T E 1 2	P O R T E 2 1

4. Porte .... **5.** Porte ....

4

Calculez combien chaque voyageur reçoit. Écrivez la somme en chiffres puis en lettres.

Exemple : 20 € + 30 € + 15 € + 2 € = **67** *euros =* **soixante-sept** *euros*

1. 20 € + 20 € + 10 € + 3 € = ...

2. 5 € + 5 € + 8 € = ...

3. 20 € + 10 € + 5 € = ...

4. 20 € + 10 € + 10 € + 2 € = ...

5. 20 € + 10 € + 20 € + 5 € + 1 € = ...

DU CÔTÉ DE LA **GRAMMAIRE**

LE MASCULIN ET LE FÉMININ DES ADJECTIFS DE NATIONALITÉ

5

Observez les noms des passagers. Complétez les nationalités.

Vol AF 1426	New York-Paris
Mlle Patricia TRACE	canad...................
M. Franz MULLER	autrich................
M. Michal KIESLOWSKI	polon..................
Mme Sofia VOLGOROF	russ....................
M. Mathias LORENZ	alleman................
Mlle Suzy PARKER	améric.................
Mme Pierette LEGRAND	franç...................
M. Yong QIU	chin...................

6

Identifiez la nationalité des compagnies aériennes.

Exemple : Air France ➜ *C'est une compagnie* **française.**

1. Lufthansa   C'est une compagnie ....

2. America West Airlines   C'est une compagnie ....

3. Japan Airlines   C'est une compagnie ....

4. Austrian Airlines   C'est une compagnie ....

5. Korean Airlines   C'est une compagnie ....

6. Iberia   C'est une compagnie ....

7. Nouvelair Tunisia   C'est une compagnie ....

8. Aeroflot Russian Airlines   C'est une compagnie ....

9. Shanghai Airlines   C'est une compagnie ....

10. Alitalia   C'est une compagnie ....

LES VERBES _ÊTRE_ ET _S'APPELER_

7

Complétez avec _je, tu, il_ ou _vous_.

1. – Bonjour, ... m'appelle Marco Ferrero, ... suis italien. Et vous, ... êtes ?

   – Moi, ... m'appelle Sonia Pages, ... suis espagnole. Et voici mon collègue, Alberto Da Silva.

   .... est brésilien.

   – Ah ! .... êtes brésilien. Alors, ... parlez portugais !

2. – .... t'appelles Alicia, c'est ça ?

   – Non, ... m'appelle Tania. Alicia, c'est mon amie.

8

Complétez avec les verbes _être_ ou _s'appeler_ à la forme correcte.

1. – Bonjour, je .... Elena Gravas, je .... grecque. Et vous ?

   – Moi, je .... japonaise. Je .... Yoko Mitsuko.

2. – Qui est-ce ?

   – C'est le pilote de l'Airbus A380. Il .... Thierry Morand, il .... français.

3. – Je .... américaine, et toi, tu .... française ?

   – Oui, je .... française.

DU CÔTÉ DE LA **COMMUNICATION**

SALUER

9

Cochez la phrase correcte.

1. Pour épeler le prénom.

   ▢ **a.** Je m'appelle Élisabeth.

   ▢ **b.** É-L-I-S-A-B-E-T-H.

   ▢ **c.** C'est Élisabeth.

2. Pour dire la nationalité.

   ▢ **a.** Je parle anglais.

   ▢ **b.** Il s'appelle Tom.

   ▢ **c.** Je suis anglais.

3. Pour demander le nom.

   ▢ **a.** Vous êtes américain ?

   ▢ **b.** Vous vous appelez comment ?

   ▢ **c.** Vous parlez quelle langue ?

10

Répondez aux questions de l'employé.

1. ....

2. ....

3. ....

4. ....

COMMUNIQUER EN CLASSE

11

Qui parle dans la classe ? Cochez la bonne réponse.

	Le professeur	Les étudiants	Le professeur ou les étudiants
1. Écoutez le dialogue.			
2. Comment on dit *house* en français ?			
3. Comment ça s'écrit ?			
4. Travaillez par deux.			
5. Comment ça se prononce ?			
6. Soulignez les questions.			
7. Répétez la phrase.			
8. Je ne comprends pas.			
9. C'est à quelle page ?			
10. Je ne sais pas.			

LES JOURS DE LA SEMAINE

1

Placez les jours de la semaine à la place correcte.

jeudi	mardi	samedi

dimanche	mercredi	vendredi

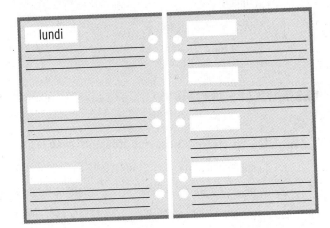

lundi

LES MATIÈRES ÉTUDIÉES

2

À l'aide des dessins, trouvez le nom de chaque matière.

Exemple : → *le commerce international*

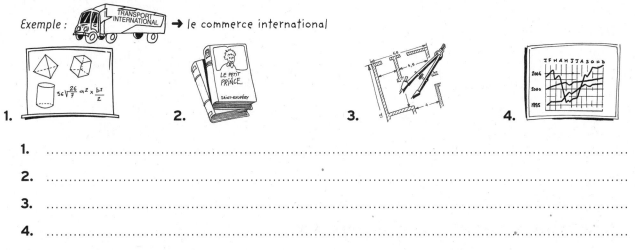

1.　2.　3.　4.

1. ....

2. ....

3. ....

4. ....

LES PRONOMS PERSONNELS

3

Complétez avec *tu*, *vous* ou *je*.

Dans un cocktail de bienvenue à l'université

1. – Bonjour, ... me présente : .... m'appelle Mathias Lorenz, ... suis allemand. Et .... ?

– .... m'appelle Maria, ... suis polonaise.

– .... êtes étudiante ?

– Non, ... suis professeur.

2. – Bonjour Alice, ... vas bien ?

– Oui, bien, et toi ?

– Ça va.

3. – Mademoiselle .... parlez anglais ?

– Oui, ... suis américaine.

4. – .... t'appelles comment ?

– Amina.

– .... es française ?

– Oui, et toi ?

LES ARTICLES DÉFINIS

4

Complétez les présentations des étudiants avec les articles *le, la, l'* ou *les*.

1. Je suis étudiant à .... université de Grenoble. J'étudie .... littérature française et .... anglais.

2. Je m'appelle Marco, j'étudie .... relations internationales. J'ai mes cours .... après-midi, je suis libre ...... matin.

3. Je m'appelle Julien, j'étudie .... langues. Je parle chinois, et je suis libre .... après-midi pour accueillir .... nouveaux étudiants chinois.

LES ADJECTIFS POSSESSIFS

5

Complétez avec *mon, ma* ou *mes*.

1. .... nom

2. .... nationalité

3. .... âge

4. .... études

5. .... jours libres

6. .... ami

7. .... professeur

8. .... salle de classe

LES VERBES *ÊTRE* ET *AVOIR*

6

Complétez avec les verbes *être* ou *avoir* à la forme correcte.

Conversations entre étudiants

1. – Tu .... américain ?

– Non, je .... anglais.

– Tu .... quel âge ?

– Je .... vingt ans.

– Tu .... beaucoup de temps libre ?

– Oui, je .... le mardi et le jeudi libres, alors je .... bénévole à l'accueil de l'université.

2. – Nous .... une amie super, elle .... espagnole et elle .... étudiante en sciences.

– Vous ne .... pas d'amis français ?

– Non, nous .... toujours avec des amis étrangers.

3. – John et Pedro .... brésiliens ?

– Non, pas exactement. John .... américain et Pedro .... brésilien.

– Mais John ne .... pas l'accent américain !

4. – Les professeurs .... bons ?

– Oui, mon professeur d'économie .... super ! Mais nous .... beaucoup de travail !

LA FORME NÉGATIVE

7

Complétez les phrases pour indiquer les erreurs.

1. Non, non, je .... Carlos Marquez, je m'appelle Carlos Lopez !

2. Non, non, elle .... allemande, elle est suédoise !

3. Non, non, ils .... le mardi après-midi libre, ils ont le mardi matin libre !

4. Non, non, nous .... étudiants en architecture, nous sommes étudiants en littérature !

5. Non, non, vous .... un accent français, vous avez un accent belge !

6. Non, non, le jeudi, tu .... tes cours le matin, tu as tes cours l'après-midi !

7. Non, non, je .... vingt ans, j'ai vingt-deux ans !

DU CÔTÉ DE LA **COMMUNICATION**

SALUER

8

Pour chaque situation, cochez les deux phrases correctes.

1. Vous saluez de manière formelle.

  ☐ **a.** Bonjour, madame, vous allez bien ?

  ☐ **b.** Bonsoir, monsieur, comment allez-vous ?

  ☐ **c.** Salut, Marion, ça va ?

2. Vous prenez congé de manière formelle.

  ☐ **a.** Au revoir, mademoiselle, à lundi !

  ☐ **b.** Salut, à bientôt !

  ☐ **c.** Au revoir, monsieur, à demain !

3. Vous saluez de manière informelle.

  ☐ **a.** Salut ! Ça va ?

  ☐ **b.** Bonsoir, mademoiselle, comment allez-vous ?

  ☐ **c.** Bonjour, tu vas bien ?

4. Vous prenez congé de manière informelle.

  ☐ **a.** Au revoir, madame, bonne soirée !

  ☐ **b.** Salut ! À demain !

  ☐ **c.** Ciao !

9

Composez deux dialogues de salutations avec les formules données.

– Bonjour, Mme Leclerc !

– Très bien. Bonne journée !

– Au revoir tout le monde, bonne soirée !

– Bonjour, M. Lenoir, comment allez-vous ?

– Bien, merci, et vous ?

– Salut, Sophie ! Bonne soirée à toi aussi et à demain.

1.   **2.**

1. ....

....

....

....

....

2. ....

....

COMPRENDRE – ÉCRIT 👁

LA JOURNÉE DE JULIETTE

10

Associez dialogues et dessins.

a. Dialogue n° .....

b. Dialogue n° .....

c. Dialogue n° .....

d. Dialogue n° .....

e. Dialogue n° .....

f. Dialogue n° .....

1. – Bonjour, Juliette ! Ça va ?

– Ça va, et vous ?

– Ça va. Bonne journée !

2. – Salut ! Tu vas bien ?

– Oui, et toi ?

– Ça va.

3. – Bonjour, M. Renaud.

– Bonjour, Juliette.

4. – Entrez, Mlle Laurent.

– Bonjour, monsieur.

– Bonjour, comment allez-vous ?

– Bien merci, et vous ?

– Très bien.

5. – Eh, Juliette !

– Salut, tu vas bien ?

– Ça va ! Viens à ma table !

– D'accord.

6. – Bon, c'est l'heure, j'y vais.

Au revoir, tout le monde !

– Salut, Juliette !

– Ciao !

– Bonne soirée !

S'EXPRIMER – ÉCRIT ✏

SALUTATIONS

11

Que disent-ils ? Rédigez vos réponses sur une feuille séparée.

1.

2.

3.

4.

1. Sophie et Arnaud arrivent à l'université et se saluent.

2. Théo part, il salue Mme Langlois, une voisine.

3. Victoria part, elle salue ses amies.

4. Mathilde, Thomas, Cécile ont rendez-vous le soir à la discothèque.

LES MOIS DE L'ANNÉE

1

Complétez la liste des mois de l'année, comme dans l'exemple.

1. A comme avril, comme ....
2. D comme ....
3. F comme ....
4. J comme ....,
   comme ....,
   comme ....

5. M comme ....,
   comme ....
6. N comme ....
7. O comme ....
8. S comme ....

LES NOMBRES

2

Trouvez dix nombres composés avec les éléments donnés. Écrivez-les en lettres puis en chiffres.

quarante – vingt – un – dix – et – quatre – sept – onze – neuf – quinze – soixante

Exemple : soixante-dix-sept, 77

1. ....
2. ....
3. ....
4. ....
5. ....

6. ....
7. ....
8. ....
9. ....
10. ....

3

Complétez les chèques. Écrivez la somme en lettres.

1. € 121,00 €
   à Paris le 30 mai 2005

2. € 3 976,00 €
   à Paris le 30 mai 2005

L'IDENTITÉ

4

Quelles sont les informations demandées ? Complétez.

GYM-CLUB   *Merci de bien vouloir compléter le formulaire.*

.... : BERGMANN   .... : *commerce international*
.... : *Alicia*   .... : *114, av. Victor-Hugo, Vanves*
.... : *21 ans*   .... : *06 40 70 80 91*
.... : *allemande*   .... : *berg.al@wanadoo.fr*

LES ARTICLES INDÉFINIS

5

Complétez avec *un, une* ou *des*.

1. *Pour une inscription*

...... pièce d'identité, ... passeport ou ...... carte nationale d'identité, ... photos, ... formulaire d'inscription

2. *À l'université*

.... étudiants, ... professeurs, ... salle d'informatique, ... restaurant universitaire, ... livres

3. *Un lieu*

.... magasin, ... médiathèque, ... bureau, ... couloir, ... escalier

4. *Des personnes*

.... employé, ... vendeur, ... étudiante, ... professeur, ... vendeuse

LES ADJECTIFS INTERROGATIFS *QUEL* ET *QUELLE*

6

Complétez avec la forme correcte.

Au secrétariat de l'université

1. .... est votre nom ?

2. .... est votre âge ?

3. .... est votre nationalité ?

4. .... langue parlez-vous ?

5. .... est votre numéro de téléphone ?

6. .... est votre adresse ?

DEMANDER/DONNER L'IDENTITÉ

7

Associez les questions et les réponses.

1. Quel est votre nom ?	**a.** Le 10 juillet 1982.
2. Quelle est votre nationalité ?	**b.** 16, rue du Pré-aux-Clercs, 75007 Paris.
3. Quelle est votre date de naissance ?	**c.** C'est gratuit.
4. Quelle est votre adresse ?	**d.** Je m'appelle Louise Diaz.
5. Vous avez une photo ?	**e.** dilouise@aol.com
6. Quel est votre numéro de téléphone ?	**f.** Je suis espagnole.
7. Quelle est votre adresse e-mél ?	**g.** C'est le 01 45 48 28 32.
8. Combien ça coûte, l'inscription ?	**h.** Oui, voilà.

DONNER SON NUMÉRO DE TÉLÉPHONE

8

Cochez les réponses correctes.

Pour donner votre numéro de téléphone, vous dites :

☐ **a.** Mon téléphone a le numéro 01 42 58 63 01.

☐ **b.** C'est le 01 42 58 63 01.

☐ **c.** Mon numéro est le 01 42 58 63 01.

9

Relisez le *Point culture* p. 24 du livre et associez le bon numéro à chaque personne.

1. M. Blitz à Lille	**a.**	02 98 44 15 61
2. M. Jean Nguyen à Paris	**b.**	03 28 38 13 22
3. Nicolas Barbus à Bordeaux	**c.**	04 93 64 75 25
4. Mlle Charlier à Nice	**d.**	01 42 87 94 00
5. Mme Noëlle Viala à Brest	**e.**	05 56 92 04 97

EN SITUATION

S'EXPRIMER – ÉCRIT ✐

MA CARTE DE VISITE

10

Sur une feuille séparée, créez votre carte de visite personnelle ou professionnelle.

INSCRIPTION

11

Vous faites une inscription à l'école de langues. Complétez le formulaire.

FORMULAIRE D'INSCRIPTION

NOM : ....

PRÉNOM : ....

DATE DE NAISSANCE : ....

NATIONALITÉ : ....

ADRESSE : ....

....

....

NUMÉRO DE TÉLÉPHONE : .... PORTABLE : ....

LANGUES PARLÉES : ....

ÉVÉNEMENTS ET LIEUX CÉLÈBRES

1

a) Retrouvez les noms corrects des événements et lieux.

1. Événements : ....
....
....

2. Lieux : ....
....
....

le Tour	du Louvre
la fête	de France
le feu d'artifice	du 14 juillet
la Tour	de la Musique
le musée	d'argent

b) Connaissez-vous d'autres événements et lieux célèbres en France ? Faites la liste.

....
....
....

LES NOMS DE PAYS

2

Regroupez les pays par continent.

le Kenya – le Japon – le Portugal – la Nouvelle-Zélande – l'Italie – le Mexique – la Grèce – l'Espagne – le Canada – le Mali – l'Autriche – l'Angleterre – l'Argentine – la Chine – l'Australie – la Suède – la Colombie – l'Inde – la Suisse

1. L'Afrique : ....
2. L'Amérique : ....
3. L'Asie : ....
4. L'Europe : ....
5. L'Océanie : ....

PRÉPOSITIONS + NOMS DE PAYS

3

Choisissez le pays dans la liste et complétez les informations.

le Maroc – l'Italie – les États-Unis – la Pologne – l'Espagne – le Brésil – la France

Exemple : Je m'appelle Helmut, je vis à Berlin, **en Allemagne.**

1. Steve est américain, il est né à New York, ... ; mais il vit .... : il est étudiant à Paris.

2. Paulo est né à Brasilia, ..., mais il étudie à Rio de Janeiro.

3. Anna est polonaise, elle est née à Varsovie, ...

4. Je m'appelle Carmen, je suis née à Madrid, ...

5. Mohamed est marocain, il travaille à Rabat, ...

6. Je suis italien, je vis à Rome, ...

LE PRÉSENT DES VERBES EN *-ER*

4

**Pour chaque dialogue, choisissez le verbe qui convient et écrivez-le à la forme correcte.
(Plusieurs réponses sont parfois possibles.)**

adorer – étudier – parler – désirer – travailler – jouer – habiter – aimer – rêver

À la télévision.

1. – Aude Julliard, votre travail, une passion ?

– Oui, je .... du violon dans un grand orchestre ; je .... la musique classique !

2. – Marielle et Yvan, vous êtes étudiants ?

– Oui, nous .... le journalisme ; nous .... être reporters pour la télévision.

3. – Flore Bessac, vous .... l'architecture ?

– Non, non, je suis architecte !

– Oh pardon ! Et vous .... à Paris ?

– Oui, je .... beaucoup travailler dans la capitale !

4. Aujourd'hui, avec nous à la télévision, une femme exceptionnelle : elle est interprète, elle .... en France et en Afrique, elle .... quinze langues !

5. Les candidats ce soir de notre jeu *Les Mots de la francophonie* : ils sont professeurs de français, ils .... dans six pays différents. Ils .... la langue française et ils .... de venir en France !

AVOIR ET *ÊTRE*

5

Imaginez l'identité de ces touristes et faites des phrases avec les éléments des trois colonnes, comme dans l'exemple.

Exemple : Gabriela est mexicaine, elle est étudiante.

		25 ans.
		mexicaine.
		étudiante en journalisme.
		une passion : les voyages.
		américains.
Gabriela	est	un numéro de téléphone à Paris.
Young	a	professeurs de français.
Steve et Franck	ont	une passion : les langues.
	sont	30 et 32 ans.
		chinois.
		informaticien.
		à Paris pour cinq jours.
		des amis français.

DONNER DES INFORMATIONS PERSONNELLES

6

Associez les éléments.

1. Je m'appelle	**a.** 35 ans.
2. Je travaille	**b.** dans un musée.
3. Je suis	**c.** à la retraite.
4. Je suis né	**d.** en architecture.
5. J'ai	**e.** au Maroc.
6. Je suis étudiant	**f.** Sandrine.

PARLER DE SES PASSIONS, DE SES RÊVES

7

Associez les éléments.

1. J'ai une passion :	**a.** faire un voyage en France.
2. Je désire	**b.** la peinture.
3. Je rêve de	**c.** mon anniversaire à Paris.
4. Mon rêve : fêter	**d.** le journalisme.
5. J'adore	**e.** visiter Paris.

8

Pour chaque situation, cochez la formule correcte, puis proposez une formule équivalente.

1. Pour exprimer une passion : ▢ **a.** Je travaille dans la musique.   ▢ **b.** Je joue de la musique.   ▢ **c.** J'adore la musique.

....

2. Pour exprimer un rêve : ▢ **a.** J'ai une passion : le voyage. ▢ **b.** Je rêve de faire un voyage au Japon. ▢ **c.** Je voyage au Japon.

....

COMMUNIQUER PAR ÉCRIT

9

a) Lisez le message et observez l'organisation du texte.

paragraphe 1 :
informations
sur l'identité

paragraphe 2 :
les études
et les passions

paragraphe 3 :
le motif
du message

> Bonjour,
>
> Je me présente : je m'appelle Gustavo, je suis brésilien. J'ai 24 ans. Je suis né au Brésil, mais j'habite à Bruxelles.
>
> Je suis étudiant à l'Université internationale de Bruxelles ; j'étudie le cinéma. J'ai une passion : j'adore le cinéma français ! J'aime aussi le théâtre, les musées et l'art en général. Quel est mon rêve ? Faire un film en Europe.
>
> Je n'ai pas d'amis à Bruxelles. Je désire rencontrer des étudiants ou des personnes passionnées de cinéma.
>
> À bientôt,   Gustavo

b) Observez la ponctuation et les lettres majuscules.

, virgule	**;** point-virgule	**?** point d'interrogation	**b** lettre minuscule
. point	**:** deux points	**!** point d'exclamation	**B** lettre majuscule

10

Réécrivez les phrases : ajoutez la ponctuation et les lettres majuscules nécessaires. Utilisez les signes suivants.

| . | | , | | ! | | ? | | : |

1. j'ai une passion les voyages

   ....

2. j'habite à paris mais je ne suis pas française je suis marocaine

   ....

3. j'adore le chocolat

   ....

4. madame quel est votre nom

   ....

11

À partir des éléments suivants, écrivez un texte de présentation. Ajoutez la ponctuation et les lettres majuscules et faites des paragraphes.

> bonjour je m'appelle antoine j'ai vingt ans je suis électricien j'habite à marseille ma passion la photographie vous aimez la photographie un message s'il vous plaît à bientôt antoine

Les lecteurs ont la parole

....

....

....

....

EN SITUATION

S'EXPRIMER – ÉCRIT

FORUM INTERNET

12

Sur le forum Internet de rencontres de l'Université internationale de Bruxelles, des étudiants se présentent. À partir des informations suivantes, sur une feuille séparée, écrivez les messages des étudiants.

Nom	Nationalité	Études	Âge	Passion/Rêves
Félix	suisse	informatique	22	Internet, le cinéma/réaliser un film
Alexandra	grecque	relations internationales	27	la politique/travailler au Parlement européen
Julia	canadienne	littérature européenne	24	la poésie, le théâtre/écrire un best-seller
Simon	malien	architecture	26	la musique, les voyages/faire le tour du monde

YAHOO! MESSENGER   Nouveau venu ? Inscrivez-vous

Recherche sur le web [   ] Recherche

Accueil - Aide

Bonjour,

Je m'appelle Félix, j'ai 22 ans. Je suis suisse…

LES LIEUX DE LA VILLE

1

Trouvez neuf noms de lieux de la ville, cachés dans la grille, horizontalement ou verticalement.

A	Z	R	U	M	A	I	R	I	E	K	S
T	O	F	M	U	G	O	N	Q	A	K	U
H	U	H	E	S	B	E	V	U	L	P	P
E	C	O	L	E	E	M	B	O	M	R	E
A	I	P	I	E	R	A	X	T	Y	R	R
T	H	I	X	H	A	R	H	P	O	E	M
R	E	D	A	B	E	C	I	N	E	M	A
E	R	A	F	E	C	H	E	V	J	U	R
N	B	A	N	Q	U	E	G	O	M	T	C
J	D	E	L	P	E	F	C	W	I	R	H
A	I	P	A	T	I	S	S	E	R	I	E
T	Y	I	N	O	G	B	C	F	O	E	V

2

Associez actions et lieux.

1. J'étudie
2. J'achète un gâteau
3. J'assiste à un mariage
4. Je demande de l'argent
5. Je consulte un médecin
6. Je regarde des sculptures
7. Je regarde un film
8. J'achète des fruits et des légumes

a. à l'hôpital.
b. à l'école.
c. au musée.
d. à la pâtisserie.
e. au cinéma.
f. au marché.
g. à l'église.
h. à la banque.

LA LOCALISATION

3

Indiquez avec des flèches la place des éléments suivants sur le dessin.

– un bateau sous le pont :

– une personne sur le pont :

– un restaurant en face du Café du port :

– un supermarché à côté du Café du port :

– un poisson dans l'eau :

LES ARTICLES INDÉFINIS ET DÉFINIS

4

a) Identifiez et nommez l'objet ou le lieu sur chaque dessin.

Exemple : ➜ une valise.

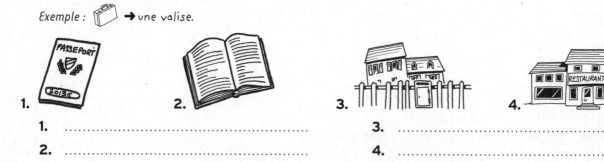

1. ....

2. ....

3. ....

4. ....

b) Donnez une précision sur chaque objet ou lieu, comme dans l'exemple.

Exemple :  ➔ C'est la valise de Mélanie Kormanski.

1. ....

2. ....

3. ....

4. ....

LES PRÉPOSITIONS DE LOCALISATION

5

a) Vous écrivez des textos pour donner rendez-vous près des lieux suivants. Utilisez *dans, sur, sous, derrière, devant*.

l'église – le café des Sports – le pont – l'école – le marché

....

....

....

....

b) Vous écrivez un texto pour dire où vous êtes. Utilisez *en face de, à côté de, près de, à gauche de* et *à droite de*.

les halles – le jardin – la place – la pâtisserie – théâtre

....

....

....

....

6

Observez les deux dessins et complétez les souvenirs de vacances avec les prépositions correctes.

1. Je suis .... un arbre, ... l'église Saint-Mathurin.

2. Je suis .... Musée de la marine. .... la porte, il y a un groupe de touristes

   japonais. Les tableaux sont magnifiques .... ce musée !

PARLER DE SON QUARTIER

7

Un journaliste interviewe une passante. Remettez le dialogue dans l'ordre.

Micro-trottoir

.... **a.** LA PASSANTE : Oh ! Parce que c'est un endroit tranquille et parce qu'il y a des sculptures magnifiques.

.... **b.** LE JOURNALISTE : Je vous remercie, madame.

.... **c.** LA PASSANTE : Oui, j'habite juste à côté.

.... **d.** LE JOURNALISTE : Vous avez un endroit préféré dans votre quartier ?

.... **e.** LE JOURNALISTE : Je suis journaliste à *Hebdomag* et j'interviewe les gens du quartier.

.... **f.** LA PASSANTE : Alors... oui ! J'aime beaucoup le musée Hamont en face de la mairie.

.... **g.** LE JOURNALISTE : Pourquoi aimez-vous ce musée ?

.... **h.** LA PASSANTE : Pourquoi est-ce que vous me posez cette question ?

.... **i.** LE JOURNALISTE : Pardon, madame, vous êtes du quartier ?

DONNER UNE EXPLICATION

8

Associez les questions et les réponses.

1. Pourquoi allez-vous à la pâtisserie ?

2. Pourquoi aimez-vous votre ville ?

3. Pourquoi téléphonez-vous ?

4. Pourquoi êtes-vous à la maison le mercredi ?

5. Pourquoi avez-vous deux passeports ?

6. Pourquoi êtes-vous à l'université ?

a. Parce que je ne travaille pas.

b. Parce que j'adore les gâteaux.

c. Parce que j'étudie l'économie.

d. Parce qu'il y a beaucoup de monuments.

e. Parce que je voudrais des informations.

f. Parce que j'ai la double nationalité.

EN SITUATION

COMPRENDRE – ÉCRIT ◉

TÉMOIGNAGES

9

a) Lisez ces deux annonces, puis la réponse d'une personne. Dites à quelle annonce la personne répond.

Petites annonces

■ **1.** France TV recherche des témoignages pour son émission *Ma vie, mon quartier*. Vous aimez votre ville, vous aimez votre quartier ? Vous avez un endroit préféré dans votre ville ? Écrivez-nous.

■ **2.** L'université René-Descartes recherche pour ses étudiants des chambres chez l'habitant dans votre ville. Vous habitez au centre ville, vous avez une chambre à proposer ? Écrivez-nous. Indiquez votre nom, où vous habitez.

| Envoyer maintenant | Options | Insérer | Catégories |

De :	f.morlais@hotmail.fr
À :	
Cc :	
Objet :	

| Police | Taille | G I S T |

Madame, monsieur,
Je m'appelle Florence Morlais. J'adore ma ville !
J'ai, bien sûr, un endroit préféré : c'est le jardin des plantes.
Il se trouve près du centre ville. Pourquoi j'aime cet endroit ?
Parce qu'il y a toujours beaucoup de fleurs et parce que c'est un endroit tranquille.

Florence Morlais

b) Où apparaissent les informations suivantes dans le message ? Placez les intitulés donnés dans les cases.

justifier son choix – localiser un lieu – se présenter – exprimer ses goûts - nommer un lieu

Madame, monsieur,

Je m'appelle Florence Morlais.
....

J'adore ma ville !
....

J'ai, bien sûr, un endroit préféré : c'est le jardin des plantes.
....

Il se trouve près du centre ville.
....

Pourquoi j'aime cet endroit ? Parce qu'il y a toujours beaucoup
de fleurs et parce que c'est un endroit tranquille.
....

Florence Morlais

S'EXPRIMER – ÉCRIT

TÉMOIGNAGES (SUITE)

10

Vous répondez au message de France TV. Sur une feuille séparée, écrivez votre message sur le modèle du message de Florence Morlais.

L'HÉBERGEMENT

1

Barrez l'intrus.

1. hôtel – auberge de jeunesse – gare – palace – camping

2. suite présidentielle – cuisine commune – douches à l'étage – draps inclus – chambre à six lits

L'ITINÉRAIRE

2

Barrez l'intrus.

1. descendre – aller – monter – habiter – continuer

2. voyager – traverser – tourner – prendre la rue à droite

3

Trouvez horizontalement ou verticalement dans la grille le mot qui correspond à chaque définition.

1. Il traverse la rivière : _ _ _ _

2. Grande rue : _ _ _ _ _ _ _ _ _

3. En général, elle est ronde ou carrée : _ _ _ _ _

4. Petite avenue : _ _ _

5. Grande rue : _ _ _ _ _ _

P	R	B	A	C	O	V	I
O	P	O	N	T	E	G	O
C	T	U	U	L	Q	A	R
F	P	L	A	C	E	M	D
T	Y	E	H	D	Z	U	R
D	X	V	I	J	A	T	U
I	F	A	V	E	N	U	E
A	E	R	S	L	I	W	M
Z	S	D	G	B	V	A	U

4

Associez les éléments. (Plusieurs réponses sont parfois possibles.)

1. aller tout droit

2. tourner à droite

3. prendre la rue à gauche

4. descendre l'avenue

5. traverser sur le pont

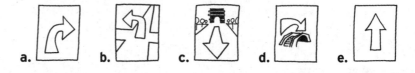

a.   b.   c.   d.   e.

L'INTERROGATION

5

Transformez les phrases en questions.

Exemple : L'auberge est ouverte en octobre.
→ L'auberge est ouverte en octobre ?
→ Est-ce que l'auberge est ouverte en octobre ?

1. Le petit déjeuner est inclus dans le prix.

....

....

2. Il y a des chambres à trois lits.

....

....

3. Vous restez trois nuits.

....

....

4. Les WC sont à l'étage.

....

....

5. Je peux réserver une chambre pour deux personnes.

....

....

6. Vous téléphonez pour une réservation.

....

....

7. Vous avez une adresse mél.

....

....

8. Vous désirez une chambre avec vue sur la mer.

....

....

6

Trouvez la question puis dites qui pose cette question : le client ou le réceptionniste de l'hôtel.

	Client	Réceptionniste
1. – .... ? – Non, nous sommes suisses.		
2. – .... ? – Oui, j'adore cette ville.		
3. – .... ? – Oui, nous réservons maintenant.		
4. – .... ? – Non, le centre ville est à cinq minutes à pied.		
5. – .... ? – Oui, j'ai mon passeport. Voilà !		
6. – .... ? – Oui, nous acceptons les petits animaux.		

LES VERBES *TRAVERSER, PRENDRE, DESCENDRE...* AU PRÉSENT

7

Complétez les mini-dialogues avec les verbes suivants au présent : *traverser – prendre – descendre – tourner – continuer.*

1. – Pardon, monsieur, la place Stanislas, s'il vous plaît ?

– Vous .... tout droit puis vous .... la première à gauche.

– Merci bien, monsieur.

2. – Allô ! Nous sommes devant le Pont-Neuf ; nous .... le pont ?

– Oui, et après vous .... tout de suite à gauche.

3. – S'il te plaît, pour aller à la gare ?

– Tu .... tout droit, puis tu .... la troisième rue à droite après le cinéma.

4. – Comment je vais chez toi ?

– Tu prends le bus 32 et tu .... à l'arrêt Pont-Neuf.

DU CÔTÉ DE LA **COMMUNICATION**

RÉSERVER UNE CHAMBRE/INDIQUER L'ITINÉRAIRE

8

Reconstituez les deux dialogues.

1. Oui, nous avons une chambre double avec salle de bains.

2. C'est un peu loin. Vous prenez cette rue, vous allez tout droit. Le supermarché se trouve à 500 mètres.

3. C'est entendu, à ce soir, madame.

4. C'est très bien. Je réserve donc une chambre double pour ce soir au nom de M. et Mme Jalliet.

5. Pardon, monsieur, je cherche le supermarché.

6. Et il y a un bus ?

7. Bonjour, monsieur, vous avez une chambre libre pour ce soir ?

8. Non, il n'y a pas de bus dans cette direction.

À la réception de l'hôtel

– ....

– ....

– ....

– ....

Dans la rue

– ....

– ....

– ....

– ....

COMPRENDRE – ÉCRIT ⊙

QUI DORT OÙ ?

9

Observez, lisez et associez les personnages aux publicités des hôtels.

┌─────────────────────────────┐
│ HÔTEL IBIS │
│ Biarritz – Anglet │
│ 64, av. d'Espagne │
│ 64600 Anglet │
│ 84 chambres │
│ de 56 à 66 euros la chambre │
│ Petit déjeuner : 6 euros │
└─────────────────────────────┘
2.

┌───┐
│ AUBERGE DE JEUNESSE │
│ 8, rue Chiquito de Cambo │
│ 64200 Biarritz │
│ 96 lits de 16,70 à 17,70 euros la nuit (p. déj. et draps inclus) │
└───┘
1.

┌─────────────────────────────┐
│ *HÔTEL DU PALAIS* │
│ *1, av. de l'Impératrice* │
│ *64200 Biarritz* │
│ *132 chambres* │
│ *de 420 à 500 euros la chambre* │
│ *Petit déjeuner : 35 euros* │
└─────────────────────────────┘
3.

a. Jennifer Nicholson, star d'Hollywood. Hôtel : ....

b. M. et Mme Aubry, touristes du troisième âge. Hôtel : ....

c. Miguel Ibanez et Yu Xiao Ai, étudiants globe-trotters. Hôtel : ....

S'EXPRIMER – ÉCRIT ✎

QUI DORT OÙ ? (SUITE)

10

Choisissez une des personnes de l'activité précédente et, sur une feuille séparée, écrivez à l'hôtel ou à l'auberge pour demander des informations sur :

- – le prix des chambres ;
- – le petit déjeuner inclus ou non ;
- – l'itinéraire pour aller de la gare à l'hôtel ;
- – la salle de bains ;
- – la localisation dans la ville ;
- – la possibilité de venir avec un animal.

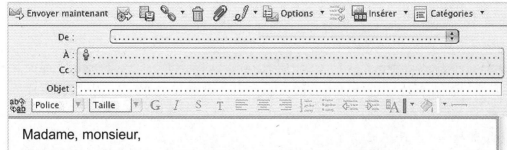

Madame, monsieur,

Merci de me donner les informations suivantes sur votre hôtel…

LA CORRESPONDANCE

1

Lisez les définitions et trouvez les mots.

1. En haut, à droite, sur une carte postale, c'est le _ _ _ _ _ _ .

2. J'écris la carte postale à cette personne, c'est le _ _ _ _ _ _ _ _ _ _ _ _ .

3. Après le texte de la carte, c'est la _ _ _ _ _ _ _ _ _ .

4. J'envoie la carte postale, je suis l'_ _ _ _ _ _ _ _ _ .

5. Formule possible pour terminer un message : a _ _ _ _ _ _ _ _ _ t .

6. L'information écrite à droite sur la carte postale, c'est l'_ _ _ _ _ _ _ .

LES ACTIVITÉS DE VACANCES

2

Associez les éléments.

1. Je visite
2. Je me promène
3. Je fais
4. Je passe
5. Je me baigne

a. du shopping.
b. à la plage.
c. des musées.
d. dans la ville.
e. des vacances inoubliables.

DU CÔTÉ DE LA **GRAMMAIRE**

LES ADJECTIFS DÉMONSTRATIFS

3

Complétez avec *ce, cet, cette* ou *ces.*

1. *À l'hôtel*

   a. Monsieur, ... bagages sont à vous ?

   b. Madame, vous avez .... chambre avec vue sur la mer.

   c. Vous pouvez remplir .... formulaire, s'il vous plaît ?

2. *Dans un musée : un guide et des touristes*

   a. Mesdames, messieurs, regardez .... architecture extraordinaire ! .... château date du XVIe siècle.

   b. .... salle est la célèbre salle des Ambassadeurs.

   c. En 1780, le roi Louis XVI habite dans .... région.

3. *Dans un train : un enfant avec sa mère*

   a. Maman, regarde .... voitures, elles vont vite !

   b. Je veux être assis à .... place !

   c. Pourquoi le train ne s'arrête pas à .... endroit ?

DE/D'/DU/DES + NOM DE PAYS

4

Observez les tampons sur le passeport de Thierry et dites d'où il vient.

1. ....
2. ....
3. ....
4. ....
5. ....

1.

2.

3.

4.

5.

DU CÔTÉ DE LA **COMMUNICATION**

ÉCRIRE UNE CARTE POSTALE

5

Complétez le texte des cartes postales avec la liste de mots.

1. froid – endroit – hôtel – retour – Chers – Je vous embrasse – vacances – montagne

.... amis,

Je suis en .... dans les Alpes.

Il fait .... (– 5 °C !),

la .... est magnifique !

Je suis dans un petit .... sympa.

J'adore cet .... !

Je vous téléphone à mon ....

....,

Corinne

M. et Mme Thomas

19, passage Lathuille

75018 PARIS

2. vacances – lundi – beau – chaud – Bises – extraordinaire – Salut

.... les filles !

Je passe des ....

merveilleuses.

La plage est .... !

Je me baigne tous les jours.

Il fait .... et ....

À .... au bureau !

....

Lisa

Société Larthaud

Service informatique

1, place Bellecourt

69001 LYON

6

Reconstituez le texte de la carte postale avec les éléments suivants.

75007 Paris – il fait beau et chaud –
on vous téléphone à notre retour –
c'est un pays magnifique –
4, rue de l'Université – nous sommes
en vacances en Thaïlande –
Marion et Philippe – chers amis –
nous adorons la cuisine thaï –
nous nous baignons chaque matin
dans la mer ou dans la piscine
de l'hôtel – ce soir comme
tous les jours, restau sur la plage –
amicalement – M. et Mme Pons

EN SITUATION

S'EXPRIMER – ÉCRIT

EN VACANCES

7

Vous passez des vacances en Europe, vous êtes à Paris. Vous envoyez deux cartes postales à vos amis ou à votre famille. Choisissez deux cartes dans la sélection ci-dessous et, sur une feuille séparée, écrivez quelques lignes, puis l'adresse du destinataire. Donnez des informations sur le lieu, le temps (météo), vos activités et donnez vos impressions ou sentiments. Indiquez votre prochaine destination (après Paris).

1.

2.

3.

4.

5.

LES ACTIVITÉS DE TEMPS LIBRE

1

Trouvez les noms des activités. Complétez avec les lettres manquantes.

1. _ I _ E M _
2. _ E _ _ V _ _ I _ N
3. _ E I _ TU _ _
4. _ H _ A _ R _
5. E Q _ _ T _ _ _ O _
6. _ H O _ _
7. V _ I _ E
8. _ E L _

2

Associez les éléments. (Plusieurs réponses sont parfois possibles.)

1. aller
2. faire
3. écouter
4. lire
5. regarder

a. du sport
b. une promenade
c. au théâtre
d. au cinéma
e. de la musique
f. la télévision
g. le journal

LES ANIMAUX

3

Citez six animaux à quatre pattes et deux animaux sans pattes.

....

....

LES PROFESSIONS

4

Barrez l'intrus.

1. acteur – chanteur – pâtissier – réalisateur
2. opticien – architecte – pharmacien – dentiste
3. coiffeur – boulanger – restaurateur – pâtissier

LE MASCULIN ET LE FÉMININ DES PROFESSIONS

5

Lisez les panneaux suivants et complétez le nom de la profession.

| Myriam LOÏC |
| réalisat....... télé |

| Mme TAIEB | M. ARMAL | Sonia MALO | Mme LOPES | Nordine et Zelma BEN JALOUN |
| pharmac....... | dent....... | coiff....... | boulang....... | photograph....... |

ALLER À, FAIRE DU

6

Lisez les annonces. Choisissez deux activités et décrivez votre emploi du temps.

Exemple : Le mardi à 10 heures et le jeudi à 20 heures, je vais à mon cours d'aquarelle.

Cours d'aquarelle
Maison de la culture

le mardi à 10 h
et le jeudi à 20 h

WEEK-END MER (BRETAGNE)

COURS DE VOILE, NATATION, PLONGÉE

SAMEDI ET DIMANCHE

JUILLET-AOÛT

1.

MONTAGNE (Pyrénées)

Stage intensif de **ski**

janvier, février, mars

le week-end : samedi et dimanche

2.

Week-end campagne

avec le Véloclub de Tours

le samedi de 14 h à 18 h

3.

....
....
....
....
....
....

DU CÔTÉ DE LA **COMMUNICATION**

PARLER DE SOI

7

Cochez les deux phrases correctes.

1. Pour parler de ses activités.

   ☐ **a.** Je me promène à la campagne.

   ☐ **b.** Je visite des endroits intéressants.

   ☐ **c.** Je suis à la montagne.

2. Pour parler de ses goûts.

   ☐ **a.** Je déteste la campagne.

   ☐ **b.** J'imagine la ville.

   ☐ **c.** J'adore la mer.

3. Pour parler de sa profession.

   ☐ **a.** Je suis seul.

   ☐ **b.** Je travaille dans la restauration.

   ☐ **c.** J'ai une profession intellectuelle.

PARLER DE SA PROFESSION

8

a) Trouver une définition pour les professions suivantes.

Exemple : une secrétaire ➜ Cette personne travaille dans un bureau.

1. une actrice : ....

2. un professeur : ....

3. un footballeur : ....

4. un explorateur : ....

5. un chanteur : ....

6. un boulanger : ....

7. une couturière : ....

b) Dites quelle(s) profession(s) de la liste vous aimez et pourquoi.

....

....

....

....

COMPRENDRE – ÉCRIT 👁

ADOPTIONS

9

Lisez l'annonce suivante.

Recherche maître

Je m'appelle Wanda.
J'ai trois ans, je suis célibataire.
J'aime la compagnie des hommes.
J'adore la vie à la campagne,
mais je n'aime pas la ville !
Je sors beaucoup, je fais du sport :
de la marche, de la course...
Adoptez-moi !

a) Cochez les informations de la liste suivante qui apparaissent dans l'annonce.

- ▣ **1.** l'âge
- ▣ **2.** les goûts
- ▣ **3.** l'adresse
- ▣ **4.** la profession
- ▣ **5.** le nom
- ▣ **6.** les activités
- ▣ **7.** le prénom
- ▣ **8.** la situation de famille

b) Dans quel ordre les informations apparaissent-elles ?

....

S'EXPRIMER – ÉCRIT ✎

ADOPTIONS (SUITE)

10

Sur une feuille séparée, écrivez un message sur le modèle de l'activité précédente pour les annonces suivantes.

Recherche maître

Adoptez-moi !

Recherche maître

Adoptez-moi !

Recherche maître

Adoptez-moi !

LA CARACTÉRISATION PSYCHOLOGIQUE

1

Barrez l'intrus.

1. créatif – indépendant – calme – sérieux – mince – responsable

2. optimiste – bonne cuisinière – généreuse – prétentieuse – patiente

2

Associez les éléments.

1. aventurier
2. casanier
3. artiste
4. romantique
5. autoritaire
6. dynamique
7. cultivé
8. optimiste

a. J'aime peindre, écrire, faire de la musique.
b. J'aime les histoires d'amour.
c. J'ai un comportement de chef.
d. J'aime être chez moi.
e. Je lis beaucoup et je vais dans les musées.
f. Je vois la vie en rose.
g. J'adore le tourisme « sportif ».
h. J'aime l'action.

L'EXPRESSION DES GOÛTS

3

Complétez en exprimant les goûts opposés. Utilisez : *adorer – être passionné par – avoir horreur de – aimer – détester.*

Exemple : Eux, ils adorent les animaux, mais elles... → elles ont horreur des animaux.

1. Moi, j'aime la vie à la campagne, mais mon mari ....

2. Mon mari adore son travail, mais moi, je ....

3. Moi, je déteste la lecture, mais mon mari ....

4. Mes enfants ne s'intéressent pas à l'art mais, moi je ....

5. Vous aimez la routine, mais nous, nous ....

DU CÔTÉ DE LA **GRAMMAIRE**

LES ADJECTIFS DE CARACTÉRISATION

4

a) Mettez ces phrases stéréotypes au féminin.

Exemple : Le Japonais est petit, patient et travailleur. → La Japonaise est petite, patiente et travailleuse.

1. L'Allemand est calme, discipliné et intelligent.

....

2. Le Suédois est grand, blond et sportif.

....

3. Le Français est indépendant et cultivé.

....

4. L'Espagnol est passionné et généreux.

....

5. L'Américain est décontracté, expansif et dynamique.

....

6. L'Italien est romantique, aventurier et élégant.

....

b) Mettez les phrases précédentes au masculin pluriel puis au féminin pluriel.

Exemple : Le Japonais est petit, patient et travailleur.
> ➜ Les Japonais sont petits, patients et travailleurs.
> ➜ Les Japonaises sont petites, patientes et travailleuses.

1. ....

....

2. ....

....

3. ....

....

4. ....

....

5. ....

....

6. ....

....

LES PRONOMS TONIQUES

5

Complétez avec le pronom tonique correct.

Rêves de voyage

1. ...., je rêve d'aller au Japon et ...., tu as un rêve de voyage aussi ?

2. ...., il rêve de traverser l'Europe à vélo ; et ...., elle voudrait traverser l'Atlantique en bateau.

3. ...., elles rêvent de venir en France et ...., ils désirent habiter en Italie.

4. Et ...., Tom, quel est votre rêve ?

À l'université

5. ...., je suis libre le mardi après-midi ; et ...., tu as des moments libres ?

6. ...., ils sont français et ...., elles sont belges.

7. ...., il parle anglais et russe et ...., elle parle italien et allemand.

CARACTÉRISER UNE PERSONNE

6

Sur le site **www.touteslesrencontres.com**, des personnes se présentent. À partir des informations suivantes, rédigez leurs annonces.

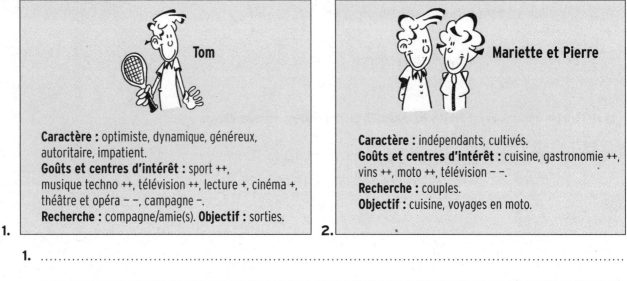

Tom

Caractère : optimiste, dynamique, généreux, autoritaire, impatient.
Goûts et centres d'intérêt : sport ++, musique techno ++, télévision ++, lecture +, cinéma +, théâtre et opéra – –, campagne –.
Recherche : compagne/amie(s). **Objectif :** sorties.

1.

Mariette et Pierre

Caractère : indépendants, cultivés.
Goûts et centres d'intérêt : cuisine, gastronomie ++, vins ++, moto ++, télévision – –.
Recherche : couples.
Objectif : cuisine, voyages en moto.

2.

1. ....
....
....
....

2. ....
....
....
....

PARLER DE LA PROFESSION

7

À l'école, l'institutrice pose des questions à ses élèves. Imaginez leurs réponses.

– Paul, quelle est la profession de ton papa ?

– ....

– Et toi, Émilie ?

– ....

– Ta maman travaille aussi ?

– ....

– Et toi, Marion, tu rêves de faire quel métier plus tard ?

– ....

– Pourquoi ?

– ....

PARLER DE SON ANIMAL

8

Remettez le dialogue dans l'ordre.

.... **a.** L'INSTITUTRICE : Et pourquoi un chien ?

.... **b.** MARION : Moi !

.... **c.** L'INSTITUTRICE : Et toi, Sébastien, tu n'as pas d'animal chez toi ?

.... **d.** SÉBASTIEN : Parce que c'est un animal intelligent et fidèle.

.... **e.** L'INSTITUTRICE : Il s'appelle comment, ton chat ?

.... **f.** SÉBASTIEN : Non, ma maman, elle ne veut pas !

.... **g.** L'INSTITUTRICE : Bien, Marion, et tu as quel animal ?

.... **h.** MARION : J'ai un chat.

.... **i.** L'INSTITUTRICE : Mais toi, tu voudrais avoir un animal ?

.... **j.** MARION : Il s'appelle Vidéo ! Il est beau et il adore les souris !

.... **k.** SÉBASTIEN : Oh oui ! Je rêve d'avoir un chien !

.... **l.** L'INSTITUTRICE : Aujourd'hui, les enfants, nous étudions la vie des animaux. Qui a un animal à la maison ?

EN SITUATION

COMPRENDRE – ÉCRIT ◉

COMME AU CINÉMA

9

a) Lisez le début du scénario du film *Un amour de vacances*.

> LUI : il s'appelle John Edwards, il est américain. Il est divorcé, il a 33 ans, et il a beaucoup de charme. Il est ingénieur dans une société d'informatique. Tous les ans, il vient en France pour ses vacances ; il descend dans un palace près de Marseille, au bord de la mer, à l'hôtel des Calanques. Il fait du surf et de la voile toute la journée.
> ELLE : elle s'appelle Delphine Costa ; elle est française, elle a 23 ans, elle est célibataire. C'est une belle fille : elle est grande et mince et elle est très sympathique. Elle est réceptionniste à l'hôtel des Calanques. Elle est très sportive, elle adore la nature et elle a horreur d'aller dans les discothèques.
> John et Delphine se rencontrent pour la première fois sur une plage en face d'un hôtel.

b) Vrai ou faux ? Cochez la bonne réponse.

1. John Edwards habite en France.	▫ vrai ▫ faux	**5.** Elle est ronde. ▫ vrai ▫ faux
2. Il est sportif.	▫ vrai ▫ faux	**6.** Elle déteste la campagne. ▫ vrai ▫ faux
3. Il déteste la mer.	▫ vrai ▫ faux	**7.** Elle travaille à Marseille. ▫ vrai ▫ faux
4. Delphine Costa vit seule.	▫ vrai ▫ faux	**8.** Delphine rencontre John à l'hôtel. ▫ vrai ▫ faux

S'EXPRIMER – ÉCRIT ✎

COMME AU CINÉMA (SUITE)

10

Sur une feuille séparée, écrivez à votre tour le début du scénario d'un film. Présentez les deux personnages principaux : nom, nationalité, âge, situation de famille, caractère, physique, profession, activités.
Précisez où ils se rencontrent pour la première fois.

LES LIEUX DE SORTIE

1

Précisez où vous allez avec votre ami(e).

1. Vous adorez parler, raconter votre vie, un verre à la main. Vous allez au ....

2. Vous aimez beaucoup les films d'aventures. Vous allez au ....

3. Vous adorez la danse. Vous allez à la/en ....

4. Vous adorez la cuisine italienne. Vous allez au ....

5. Vous êtes passionné(e) par la peinture. Vous allez au ....

LES PRONOMS *ON, NOUS* ET *VOUS*

2

Complétez avec *on*, *nous* ou *vous*.

1. – Nous, ... adore sortir en boîte ! Et .... ?

   – Nous, ... préfère rester chez .... pour regarder la télé, ou bien .... invite des gens à dîner.

2. – .... ne connaissez pas le Blue Morning ? C'est une boîte géniale où .... peut écouter du jazz toute la nuit.

   – Ah ! C'est super ! .... adore le jazz !

   – Alors, ... pouvons aller là-bas tous ensemble samedi soir !

3

Complétez les réponses en utilisant *on*.

1. *Un journaliste et un couple*

   – Pardon, madame, monsieur, vous habitez dans ce quartier ?

   – Oui, ... ici depuis vingt ans.

   – Vous avez un endroit préféré dans ce quartier ?

   – Oui, ... le Café des sports.

   – Pourquoi aimez-vous cet endroit ?

   – Parce qu'.................................... tous nos amis là-bas.

2. *Entre amis*

   – Comment faites-vous pour aller dans le centre ?

   – .... tout droit jusqu'à la poste puis .... à gauche, ... le pont et .... le boulevard Gambetta.

VOULOIR, POUVOIR, DEVOIR

4

Choisissez le verbe qui convient et mettez-le à la forme correcte.

1. – Qu'est-ce que tu fais ce soir ? Tu .... aller au cinéma ?

– Ah non ! Ce soir, je ne .... pas, je .... dîner chez mes parents.

– Alors, demain soir ?

– D'accord, demain, je .... bien.

2. – J'organise une fête chez moi vendredi prochain. Vous .... venir, Nicolas et toi ?

– Oui, super ! Nous .... aider pour la préparation si tu ....

– C'est gentil, merci. Alors, vous .... apporter un gâteau.

3. – Pour la discothèque, demain soir, on se retrouve où et quand ?

– Vous .... venir chez moi à 9 heures et on part en boîte après ?

– Moi je .... être chez toi à 9 heures, mais Antoine, lui, il ne .... pas, il .... travailler jusqu'à 9 heures.

– OK ! On .... se retrouver directement à la discothèque à 10 heures, alors ?

– D'accord, c'est bon !

4. – Les enfants, vous .... aller au cinéma aujourd'hui ?

– Oui, super ! On .... voir le dernier film de Spielberg ?

– D'accord, si vous ....

– Mais Mélanie et Loïs .... venir chez nous cet après-midi. Est-ce qu'ils .... aller au cinéma avec nous ?

– Oui, si leurs parents .... bien.

L'IMPÉRATIF

5

a) Complétez l'annonce ci-dessous avec les verbes suivants à l'impératif : *venir – téléphoner – envoyer – faire*.

NOUVEAU ! *Le Bataclan* ouvre ses portes !

.... nombreux samedi !

.... pour réserver une table ou .... un mél.

Et surtout, ... circuler l'information !

Tél. : 04 74 15 15 00 ou www.bataclan.@sortir.com

---

b) Vous transmettez les mêmes informations dans un message à un(e) ami(e). Complétez.

Le Bataclan ouvre ses portes !

.... samedi !

S'il te plaît, ... pour réserver ou ....

....

....

PROPOSER UNE SORTIE, FIXER UN RENDEZ-VOUS

6

Pour chaque situation, cochez les formules correctes.

1. Vous proposez une sortie.

- ☐ **a.** Le cinéma, ça te dit ?
- ☐ **b.** On reste à la maison ?
- ☐ **c.** Tu veux sortir avec moi ce soir ?

2. Vous acceptez.

- ☐ **a.** D'accord !
- ☐ **b.** Encore !
- ☐ **c.** OK pour mercredi !

3. Vous refusez.

- ☐ **a.** Vendredi, c'est impossible.
- ☐ **b.** Vendredi, c'est bon pour moi.
- ☐ **c.** Vendredi, je ne suis pas libre.

4. Vous fixez un rendez-vous.

- ☐ **a.** On se retrouve à 19 heures devant le ciné ?
- ☐ **b.** Tu es libre demain soir ?
- ☐ **c.** Tu passes me prendre chez moi à 17 heures ?

7

Complétez le dialogue.

– Allô ! Émeline ? Ça va ?

– Ah ! Salut, Jonathan ! Oui, ça va bien !

– .... ?

– Ce week-end ? Samedi soir, je vais au théâtre, mais dimanche je suis libre. Pourquoi ?

– .... ?

– À la piscine ? Pourquoi pas ? Oui, c'est une bonne idée !

– .... ?

– L'après-midi, je préfère. À 4 heures, ça va ?

– ....

– Alors, rendez-vous devant la piscine à 4 heures. Salut Jonathan !

– .... !

EN SITUATION

COMPRENDRE – ÉCRIT ◉

JOUR DE FÊTE (1)

8

Lisez les méls suivants et complétez les notes de Mathieu : faites la liste définitive des personnes pour la fête et notez qui apporte quoi.

✉ Envoyer maintenant 🖼 📇 ✎ · 🗑 📎 🖊 · 🗂 Options · 📥 Insérer · 🗂 Catégories

Salut Mathieu,

Je suis désolée, mais je ne suis pas libre
ce week-end, je ne peux donc pas venir samedi soir.
Une autre fois, j'espère ? Bisous !

Jessica

✉ Envoyer maintenant 🖼 📇 ✎ · 🗑 📎 🖊 · 🗂 Options · 📥 Insérer · 🗂 Catégories

Mathieu, salut !
C'est d'accord pour samedi, je viens avec ma sœur
Karine. J'apporte des CD, de la musique pour
danser, d'accord ? C'est quel bus pour aller chez toi ?
À plus tard.
Benoît

| 📧 Envoyer maintenant 📧 📋 🔧 ▾ 🗑 📎 🖊 ▾ 📋 Options ▾ 🖼 Insérer ▾ 📋 Catégories ▾ |

Mathieu,
On vient samedi, tous les trois, Marco, Fanny et moi. Ton adresse, c'est bien : 15 rue de la République, et on prend le bus 13, non ?
J'apporte deux gâteaux. Je t'embrasse.
Stéphanie

| 📧 Envoyer maintenant 📧 📋 🔧 ▾ 🗑 📎 🖊 ▾ 📋 Options ▾ 🖼 Insérer ▾ 📋 Catégories ▾ |

Salut, Mathieu,

Je ne peux pas venir samedi soir, mais Blandine et Lisa peuvent venir ! Elles apportent du champagne, je crois ! Bisous !

Olivia

FÊTE SAMEDI 18

Invités		Apportent
Jessica	....	musique → Benoît
Benoît	✓	
Stéphanie	....	gâteaux ....
Marco	....	
Fanny	....	chaises ....
Olivia	....	salades ....
Blandine	....	
Lisa	....	champagne ....

S'EXPRIMER – ÉCRIT ✐

JOUR DE FÊTE (SUITE)

9

Mathieu répond à tout le monde. Sur une feuille séparée, terminez son message : vous précisez l'adresse, le moyen de transport et l'heure de la fête.

📧 Envoyer maintenant 📧 📋 🔧 ▾ 🗑 📎 🖊 ▾ 📋 Options ▾ 🖼 Insérer ▾ 📋 Catégories ▾

De : mat@yahoo.fr

À : 👤 ben@yahoo.fr, stlouvet@club-internet.fr, marcof@yahoo.fr,
Cc : fannycot@wanadoo.fr, blandtouzet@libertysurf.fr, lisa@wanadoo.fr

Objet : fête de samedi

Salut à tous !

Merci pour vos messages…

MESSAGES URGENTS

10

À partir des notes de Marie, sur une feuille séparée, écrivez les quatre messages qui correspondent.

URGENT : messages !

• mél Virginie pour dîner samedi → apporter vin
• mél Florent ciné vendredi – « La Guerre des mondes »
(18 ou 20 h) + restau ?
• message parents → déjeuner samedi OK – 13 h ??

LES ACTIVITÉS QUOTIDIENNES

1

Trouvez un verbe pronominal pour l'action qui correspond à chaque dessin.

1. ....

2. ....

3. ....

4. ....

5. ....

6. ....

L'HEURE ET LES HORAIRES

2

Associez la pendule et l'heure.

1. Il est six heures moins le quart.

2. Il est six heures et demie.

3. Il est six heures et quart.

4. Il est midi.

5. Il est sept heures moins vingt.

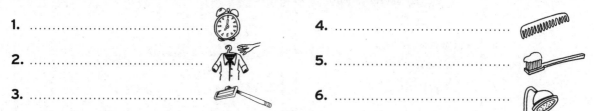

a.   b.   c.

d.   e.

3

Complétez les dialogues avec *à, vers, de... à, jusqu'à*.

1. – Tu arrives .... quelle heure exactement ?

– Je ne sais pas, ... 7 heures probablement.

2. – Le soir, tu travailles .... quelle heure ?

– Tous les soirs, ... 17 h 30, sauf le jeudi, je finis .... 19 h 00.

3. – C'est ouvert le samedi ?

– Oui, nous sommes ouverts .... 9 heures .... 18 heures.

4

Regardez l'emploi du temps de Stéphane et corrigez les erreurs dans le commentaire.

lundi	mardi	mercredi	jeudi	vendredi
9 h	9 h jogging	9 h	9 h	9 h jogging
↓ cours fac		↓ cours fac	↓ cours fac	
12 h		12 h	12 h	
13 h déjeuner libre	13 h		13 h	13 h
14 h	↓ cours fac	14 h	↓ après-midi libre	↓ cours fac
↓ cours fac		↓ cours fac		
17 h	17 h 15	17 h		17 h 15
			19 h piscine	
20 h piscine	20 h			20 h
	↓ baby-sitting			↓ baby-sitting
	23 h			23 h

1. Stéphane fait du jogging vers 9 heures le lundi et le jeudi matin.

....

2. Il va à l'université tous les après-midi sauf le mercredi.

....

3. Ses cours à l'université se terminent à 17 heures.

....

4. Le lundi et le jeudi, il va à la piscine vers 20 heures.

....

5. Le mardi et le vendredi, il fait du baby-sitting jusqu'à 20 heures ou 23 heures.

....

DU CÔTÉ DE LA **GRAMMAIRE**

LES VERBES PRONOMINAUX AU PRÉSENT

5

Complétez : mettez les verbes au présent.

MON QUARTIER S'ÉVEILLE

QUELQUES TÉMOIGNAGES D'HABITANTS DU QUARTIER

■ M. Gilles, *patron du Café des sports*

« Moi je .... (se lever) à 6 heures,
je .... (se doucher),
je .... (se raser), puis je descends
dans la salle et je .... (se faire)
un bon café ! »

■ Mme Fabien, *mère de famille*

« Mon mari et moi, nous ....
(se lever) vers 7 heures du matin, nous ....
.... (se préparer) tranquillement,

puis c'est le tour des enfants : ils ....
.... (se réveiller) vers 8 heures et,
après la douche, ils ....
(s'habiller) et prennent le petit déjeuner. »

■ M. Lecornec, *boulanger*

« Moi je .... (se réveiller) à 4 heures
du matin pour faire les premiers croissants de la
journée. Ma femme, elle, ...
(se réveiller) à 6 heures, elle ....
(se préparer) puis elle descend ouvrir le magasin
à 7 heures. »

6

Mettez les verbes entre parenthèses au présent.

1. Tu .... (se lever) à quelle heure ?

2. Vous .... (s'habiller) toujours de la même façon ?

3. Est-ce que vous .... (se maquiller) tous les jours ?

4. À quelle heure est-ce que vous .... (se coucher) ?

5. Tu .... (s'endormir) toujours à la même heure ?

7

Répondez, comme dans l'exemple.

Exemple : – Tu te réveilles tous les matins à 6 heures ? (7 heures)
   ➜ *– Non, je ne me réveille pas à 6 heures, mais à 7 heures.*

1. – Vous vous levez le matin vers 8 heures ? (7 heures)

   – ....

2. – Ils se couchent vers 23 heures ? (22 heures)

   – ....

3. – Elle s'endort vers minuit ? (1 heure du matin)

   – ....

4. – Tu te douches le soir ? (le matin)

   – ....

5. – Ils se brossent les dents le matin et le soir ? (trois fois par jour)

   – ....

DU CÔTÉ DE LA **COMMUNICATION**

INDIQUER LES HORAIRES ET L'HEURE

8

Heure officielle ou conversation courante ? Lisez les phrases et répondez.

		Heure officielle	Conversation courante
1.	Notre train arrive à 7 heures du soir.		
2.	À minuit, je dors.		
3.	Je me réveille tous les jours à 6 heures et quart.		
4.	Le prochain avion part à 21 h 30.		
5.	Je t'attends demain matin devant la gare à 8 heures moins le quart.		
6.	Elle déjeune à midi juste.		
7.	Le soir, je regarde la télé jusqu'à 11 heures.		

9

Transformez, comme dans l'exemple.

Exemple : Mon avion arrive à 18 h. ➜ J'arrive à 6 heures du soir.

1. Mon avion arrive à 9 h 45.

   ....

2. Mon avion arrive à 0 h 15.

   ....

3. Mon avion arrive à 12 h 30.

   ....

4. Mon avion arrive à 16 h 35

   ....

5. Mon avion arrive à 14 h 50.

   ....

PARLER DE SES HABITUDES

10

Associez questions et réponses.

1. Vous vous réveillez toujours à la même heure ?
2. Vous prenez votre petit déjeuner avant ou après votre toilette ?
3. Vous vous brossez les dents tous les jours ?
4. Quels sont vos horaires de travail ?
5. Vous vous couchez vers quelle heure ?

a. Je travaille de 9 heures à 12 heures et de 14 heures à 17 heures.

b. Je me prépare d'abord et je prends mon petit déjeuner ensuite.

c. Je n'ai pas d'heure, à minuit, à une heure...

d. Oui, toujours vers 8 heures.

e. Oui, bien sûr, matin, midi et soir, c'est important !

EN SITUATION

COMPRENDRE – ÉCRIT 👁

DES PROFESSIONS DIFFICILES...

11

a) Lisez la page de magazine suivante et répondez.

DUR DUR, LA VIE DE...

Chaque semaine un personnage à la profession insolite nous explique son quotidien.

Jacques, 36 ans, pilote de supersonique

Je me lève tous les matins vers 6 heures, je prends mon petit déjeuner, puis je fais une heure de sport dans une salle. Vers 9 heures, je me prépare pour le vol : je vérifie le matériel électronique de l'avion avec les techniciens.

En général, j'ai un programme d'entraînement intensif : je dois piloter pendant deux heures à 1 200 km/h !

L'après-midi je me repose et, de 16 heures à 19 heures, j'ai des cours de mécanique et d'informatique. Le soir, je me couche tôt parce que je dois être toujours en bonne forme.

1. L'homme qui témoigne : ▪ est une personne célèbre. ▪ travaille pour le magazine. ▪ fait un métier original.

2. Il parle : ▪ des journées difficiles. ▪ d'une journée habituelle. ▪ d'une journée particulière.

b) Relisez le témoignage et séparez le texte en trois parties : avant le vol, pendant le vol, après le vol.

S'EXPRIMER – ÉCRIT ✎

DES PROFESSIONS DIFFICILES... (SUITE)

12

Un autre personnage s'exprime dans les pages du magazine. Sur une feuille séparée, écrivez son témoignage.

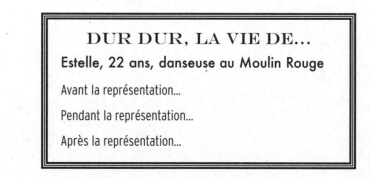

DUR DUR, LA VIE DE...

Estelle, 22 ans, danseuse au Moulin Rouge

Avant la représentation...

Pendant la représentation...

Après la représentation...

LES ACTIVITÉS DOMESTIQUES

1

Associez.

1. ranger
2. faire
3. préparer

a. le repas
b. les courses
c. les chambres
d. le petit déjeuner
e. le ménage
f. la vaisselle

LES ACTIVITÉS DE VACANCES

2

Associez. (Plusieurs associations sont parfois possibles.)

1. rester
2. rencontrer
3. lire
4. visiter
5. aller
6. danser
7. dîner

a. au restaurant
b. dans une discothèque
c. au lit
d. à la plage
e. des gens
f. des monuments
g. un roman
h. la ville

LA FRÉQUENCE

3

Transformez, comme dans l'exemple.

Exemple : le matin ➜ *chaque matin — tous les matins*

1. l'après-midi ....
2. chaque soir ....
3. le lundi ....
4. tous les mardis ....
5. le mercredi ....
6. tous les jeudis ....
7. chaque week-end ....

LE PASSÉ COMPOSÉ

4

Classez les participes passés des verbes suivants en trois catégories.

laisser – appeler – sortir – faire – aller – lire – dormir – arriver – venir – courir – rester – visiter – partir – rencontrer – prendre

Participes passés en *-é*	Participes passés en *-i*	Participes passés en *-is, -u,* et *-t*
laissé, ...	....	....
....	....	....
....	....	....

5

Complétez avec *être* ou *avoir* à la forme correcte.

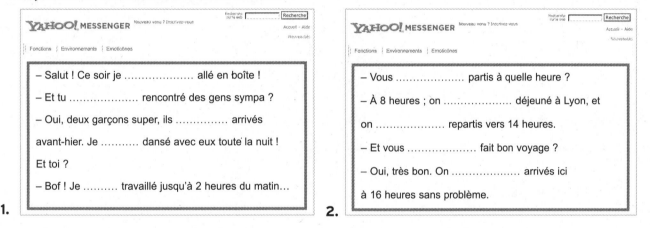

1.
– Salut ! Ce soir je .... allé en boîte !

– Et tu .... rencontré des gens sympa ?

– Oui, deux garçons super, ils .... arrivés

avant-hier. Je .... dansé avec eux toute la nuit !

Et toi ?

– Bof ! Je .... travaillé jusqu'à 2 heures du matin…

2.
– Vous .... partis à quelle heure ?

– À 8 heures ; on .... déjeuné à Lyon, et

on .... repartis vers 14 heures.

– Et vous .... fait bon voyage ?

– Oui, très bon. On .... arrivés ici

à 16 heures sans problème.

3.
– Fred, tu ne .... pas lu mon texto ?

– Non désolé, je .... resté au lit et je ....

dormi jusqu'à midi.

6

a) Transformez le récit au passé.

Tous les matins, je prépare le petit déjeuner, je fais ma toilette et j'emmène les enfants à l'école à 8 h 30 puis je cours prendre le métro. J'arrive à mon travail à 9 heures. L'après-midi, la baby-sitter va chercher les enfants à l'école à 16 h 30 et, moi, je sors du bureau à 17 h 30 ; je fais les courses en vitesse et je rentre à la maison vers 19 heures. Quand la baby-sitter part, moi, je commence ma deuxième journée…

Ce matin, j'ai préparé le petit déjeuner ....

....

....

....

....

b) Continuez le récit au passé. Choisissez les actions dans la liste suivante.

préparer le repas – regarder la télévision – se maquiller – donner à manger aux enfants – ranger la cuisine – lire – faire le ménage – repasser les vêtements – faire la vaisselle

... ma deuxième journée : j'ai donné un bain aux enfants, ...

....

....

....

7

Répondez négativement, comme dans l'exemple.

Exemple : Vous avez dormi jusqu'à 8 heures ? (9 heures)
→ *Non, je n'ai pas dormi jusqu'à 8 heures, j'ai dormi jusqu'à 9 heures.*

Programme d'une journée

1. – Elle est sortie de son appartement à 10 heures ? (11 heures)

– ....

2. – Ils ont pris le bus pour aller au bureau ? (le métro)

– ....

3. – Hier soir, vous avez regardé un film à la télé ? (un match de foot)

– ....

Programme de vacances

1. – Vous êtes allés en Espagne cette année ? (en Italie)

– ....

2. – Tu es partie avec tes parents ? (seule)

– ....

3. – Il a pris le train ? (l'avion)

– ....

DU CÔTÉ DE LA **COMMUNICATION**

EXPRIMER LA FRÉQUENCE

8

Précisez à quelle fréquence et quand vous faites les actions suivantes.

1. Je prends mon petit déjeuner.

....

2. Je travaille.

....

3. Je regarde la télévision.

....

4. Je téléphone à mes amis.

....

PARLER D'UNE JOURNÉE HABITUELLE, ÉVOQUER DES FAITS PASSÉS

9

Cochez les phrases qui correspondent à la situation.

1. Vous parlez d'une journée habituelle.

   ☐ **a.** Le matin, je prends mon petit déjeuner à 8 heures.

   ☐ **b.** Hier matin, j'ai pris mon petit déjeuner à 8 heures.

   ☐ **c.** Chaque matin, je prends mon petit déjeuner à 8 heures.

   ☐ **d.** Ce matin, j'ai pris mon petit déjeuner à 8 heures.

2. Vous racontez un événement passé.

   ☐ **a.** Hier soir, j'ai travaillé jusqu'à minuit.

   ☐ **b.** Le soir, je travaille jusqu'à minuit.

   ☐ **c.** Chaque soir, je travaille jusqu'à minuit.

   ☐ **d.** Ce soir, j'ai travaillé jusqu'à minuit.

10

Le journaliste interviewe une actrice de cinéma. Mettez les répliques dans l'ordre.

...... **a.** Claudia : J'ai eu un week-end un peu spécial : je suis allée au festival de Venise.

...... **b.** Le journaliste : Et qu'est-ce que vous avez fait précisément le week-end dernier ?

...... **c.** Claudia : Bien sûr !

...... **d.** Le journaliste : Claudia, je vous remercie.

...... **e.** Claudia : Oui, je vois mes amis, mais ils viennent chez moi en général. Je sors seulement en semaine.

..1.. **f.** Le journaliste : Claudia, je peux vous poser quelques questions sur votre vie en général ?

...... **g.** Claudia : Le week-end, je me repose, je dors beaucoup ; je lis des scénarios aussi.

...... **h.** Le journaliste : Quelles sont vos activités pendant le week-end ?

...... **i.** Claudia : Je vous en prie.

...... **j.** Le journaliste : Vous sortez, vous voyez des amis ?

EN SITUATION

S'EXPRIMER – ÉCRIT ✎

SURPRISE ! SURPRISE !

11

Lisez le début de ces nouvelles et, sur une feuille séparée, écrivez la suite.

> **Le beau dimanche de monsieur Piot**
>
> Monsieur Piot est célibataire, il vit seul depuis dix ans et sa vie est un peu triste et ennuyeuse. Chaque dimanche, il prend son petit déjeuner devant la télé puis il va acheter son journal. Mais hier, dimanche, quand il est sorti de son appartement, ...

> **La surprise de Julia**
>
> Julia a cherché sa clé dans son sac, elle a ouvert la porte de la maison, elle est entrée, elle a posé son sac sur une chaise...

LES FÊTES

1

Associez chaque fête à sa date.

1. la fête des Mères		**a.** le 1er janvier
2. Halloween		**b.** le 14 février
3. le jour de l'an		**c.** le 1er mai
4. la fête du Travail		**d.** le 31 octobre
5. Noël		**e.** le 14 juillet
6. la fête nationale		**f.** le dernier dimanche de mai
7. la Saint-Sylvestre		**g.** en février ou en mars
8. mardi gras		**h.** le 25 décembre
9. la Saint-Valentin		**i.** le 31 décembre

2

Quels mots associez-vous à l'idée de fête ? Complétez les listes.

1. Noms de fête : Saint-Sylvestre ....

2. Personnes : amis ....

3. Actions : danser ....

4. Choses : champagne ....

L'INTERROGATION

3

a) Transformez les questions écrites en questions orales.

Exemple : Avez-vous des frères et des sœurs ? ➜ (Est-ce que) vous avez des frères et des sœurs ?

SOIRÉE DES CÉLIBATAIRES

QUESTIONNAIRE POUR LES PARTICIPANTS

1. Quel est votre nom ?
2. Quelle est votre profession ?
3. Où habitez-vous ?
4. Comment passez-vous vos week-ends ?
5. Êtes-vous optimiste ?

1. ....

2. ....

3. ....

4. ....

5. ....

b) Transformez les questions orales en questions écrites.

1. Vous vous appelez comment ?

....

2. Vous faites quoi exactement dans la vie ?

....

3. Vous aimez la musique classique ?

....

4. Pourquoi est-ce que vous riez ?

....

5. Vous êtes libre quand ?

....

6. Vous avez un chat ou un chien ?

....

LE VERBE *DIRE*

4

Complétez avec le verbe *dire* à la forme qui convient.

1. – Les gens .... qu'il va faire très froid à Pâques !

   – Mais non !

2. – Tu .... bonjour à la dame !

   – Non, je ne veux pas !

3. – Je ne comprends pas Yoko, qu'est-ce qu'elle .... ?

   – Elle te .... « bonne année » en japonais !

4. – Deux jeunes filles attendent dans le couloir. Je .... à ces personnes d'entrer ?

   – Oui, bien sûr !

5. – Allô ! Maman ? Vous êtes encore chez vos amis, toi et papa ?

   – Oui, mais nous .... au revoir et nous partons tout de suite.

6. – Comment tu .... « merci » en russe ?

   – Je ne sais pas.

LE FUTUR PROCHE

5

Transformez en utilisant le futur proche.

Exemple : Avant Noël, vous achetez des cadeaux pour tout le monde.
   ➜ *Vous allez acheter des cadeaux pour tout le monde.*

Avant Noël

1. Vous invitez la famille.

....

2. Vous allez au marché.

....

3. Vous faites les courses pour le dîner.

....

Le 24 décembre

4. Tu décores la maison.

....

5. Tu prépares le repas.

....

6. Tu places les cadeaux devant le sapin de Noël.

....

Le 31 décembre

7. Ils reçoivent leurs amis.

....

8. Ils réveillonnent ensemble.

....

9. Ils boivent du champagne.

....

10. Ils font un bon repas.

....

11. À minuit, tous les gens se souhaitent bonne année.

....

6

C'est le jour de la Saint-Valentin. Nadia et Clément sont très amoureux. Imaginez comment va se passer leur soirée. Choisissez des verbes dans la liste.

dîner – sortir – inviter des amis – aller au restaurant – offrir un cadeau – boire du champagne – aller chez les voisins – danser – écouter de la musique – aller sur Internet

Il va passer chez elle, ils ....

....

....

....

....

7

Sylvain explique sa journée de demain. Regardez son agenda et écrivez ce qu'il va faire.

Exemple : Demain je vais me lever à 6 heures du matin.

....

....

....

....

....

....

....

Matin		Après-midi	
6 h	lever	14 h	visite
8 h 15	train	↓	des ateliers
10 h 05	arrivée Lyon	18 h	
11 h	réunion	19 h	départ Lyon
13 h	déjeuner	↓	
	collègues	20 h 50	arrivée Paris
	de Lyon	21 h 30	dîner
			+ soirée télé

LES PRONOMS TONIQUES APRÈS PRÉPOSITION

8

Associez les éléments des deux colonnes d'après le sens. (Plusieurs réponses sont parfois possibles.)

1. Je sors	**a.** pour toi.
2. Il part en vacances	**b.** chez lui.
3. Elle habite	**c.** avec eux.
4. Je dîne	**d.** chez moi.
5. Nous travaillons	**e.** avec nous.

DU CÔTÉ DE LA **COMMUNICATION**

DEMANDER DES INFORMATIONS

9

Associez les questions de sens équivalent.

1. Que faites-vous dans la vie ?	**a.** Quel est votre lieu de naissance ?
2. Quand êtes-vous né ?	**b.** Quelle est la raison de votre séjour en France ?
3. Où êtes-vous né ?	**c.** Quelle est votre profession ?
4. Vous êtes célibataire ou marié ?	**d.** Quelle est votre date de naissance ?
5. Pourquoi êtes-vous en France ?	**e.** Quelle est votre situation de famille ?

EN SITUATION

COMPRENDRE – ÉCRIT ◉

AMBIANCE DE FÊTE

10

Lisez le message du journaliste reporter et retrouvez le plan du message ; écrivez en face de chaque paragraphe le titre correspondant : *ambiance – déroulement de la fête – annonce de la fête.*

	DÉPÊCHE PRESSE
....	➤ Ici, à Paris, il est 18 heures et les Parisiens se préparent à fêter une nouvelle fois Noël.
....	➤ Chaque quartier a décoré ses rues, ses monuments, les magasins. Les gens font leurs achats de dernière minute, il y a beaucoup de monde dans les rues !
....	➤ Ce soir, les gens vont dîner chez eux en famille, puis beaucoup vont aller à la messe de minuit. Les enfants attendent avec impatience les cadeaux… Mais, ici, on laisse ses chaussons sous le sapin de Noël le soir du 24 et, le matin du 25, on trouve ses cadeaux à côté. Alors, ils doivent patienter jusqu'à demain ! 　Bon Noël à tous, aux enfants et aux grands !

S'EXPRIMER – ÉCRIT ✎

AMBIANCE DE FÊTE (SUITE)

11

À la manière du journaliste, sur une feuille séparée, écrivez un texte pour parler d'un jour de fête dans votre pays.

LES ÉVÉNEMENTS FAMILIAUX

1

a) Trouvez le nom des événements.

1. le premier de la vie :

la n _ _ _ _ _ _ _

2. le dernier de la vie :

le d _ _ _ _

3. un événement associé à l'amour :

le m _ _ _ _ _ _

b) Trouvez l'annonce qui correspond à chaque événement.

...... **a.** Nous sommes très tristes : notre grand-mère est morte la nuit dernière.

...... **b.** Magali va épouser Xavier le samedi 18 juin : ils vont se dire « oui » à la mairie de Nice à 16 h 00.

...... **c.** Mon fils est né ce matin ! Je suis papa !

LES PARTIES DU CORPS

2

Trouvez toutes les parties du corps utilisées pour les situations suivantes.

1. pour marcher : ....

2. pour manger : ....

3. pour écrire : ....

4. pour danser : ....

5. pour faire des photos : ....

6. pour écouter de la musique : ....

7. pour chanter : ....

8. pour se maquiller : ....

9. pour s'asseoir : ....

10. pour choisir un parfum : ....

3

Trouvez sur quelle(s) partie(s) du corps les professions suivantes travaillent.

1. le coiffeur : ....

2. le dentiste : ....

3. l'opticien : ....

4. l'esthéticienne : ....

LES LIENS DE PARENTÉ

4

Complétez les présentations de famille avec les liens de parenté.

1. *Jérôme présente sa famille.*

Moi, je m'appelle Jérôme et ma .... Sylvie.

J'ai trois enfants : mon .... s'appelle Thomas

et mes .... s'appellent Cécile et Pauline.

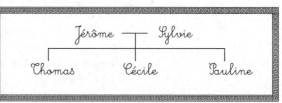

2. *Jean-Claude et Suzanne présentent leur famille.*

Nous sommes mariés depuis vingt-cinq ans, notre ....

s'appelle Jérémie et notre .... Pascale. Nos ....

sont grands maintenant. Pascale et son .... Robert

viennent d'avoir un bébé : notre .... s'appelle Léo.

Jérémie est marié aussi : notre .... s'appelle Nathalie.

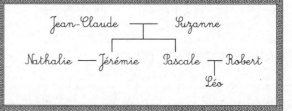

3. *Claire répond à des questions sur sa famille.*

– Tes .... s'appellent comment ?

– Gilles et Pierrette.

– Et tes .... ?

– Édith et Myriam.

– Tes .... sont morts ?

– Mon .... est mort, mais

  ma .... est toujours en vie.

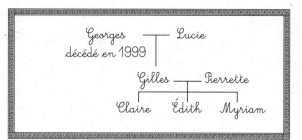

4. *Béatrice répond à des questions sur sa famille.*

– Vos .... s'appellent comment ?

– Michèle et Patrick.

– Et vos .... s'appellent comment ?

– Henri et Anne.

– Daniel, c'est bien votre .... ?

– Oui, c'est le frère de ma mère.

– Nathalie, c'est votre .... ?

– Oui, bien sûr, c'est la femme de mon .... Daniel.

– Et vous avez des .... ?

– Oui, j'ai une ...., Élisa.

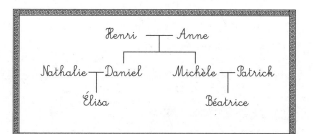

DU CÔTÉ DE LA GRAMMAIRE

LES ADJECTIFS POSSESSIFS

5

Complétez les faire-part et invitations avec les adjectifs possessifs qui conviennent.

1.

Moderne Optique

Nous avons la joie de vous annoncer l'ouverture de

.... nouveau magasin au 10, rue de la Poste.

C'est l'occasion de laisser .... anciennes lunettes !

Venez nombreux,
samedi 15 mars à partir de 15 heures !

Des promotions pour tous .... clients !

2.

M. et Mme Ledoux

Samedi nous fêtons .... arrivée dans l'immeuble et souhaitons faire connaissance avec .... nouveaux voisins. Vous êtes les bienvenus chez nous pour un apéritif à partir de 18 heures.

Chantal et Nicolas,
.... nouveaux voisins
du 1er étage à droite.

3.

J'ai douze ans !

Tu es invité(e) à .... anniversaire,
dimanche à 15 h 30 !
Viens avec ...... CDs, on va danser !
Laëtitia

12, rue du Petit-Pont
92 330 Sceaux
☎ 01 46 61 25 84

4.

Jean-Charles Malicant

J'ai l'honneur de vous inviter à l'inauguration de ....
exposition.

.... œuvres récentes vont être exposées à la *Galerie des deux-mers* du 12 au 30 novembre.

Vernissage
jeudi 12 novembre à partir de 19 heures.

6

Complétez les légendes des photos avec *son, sa, ses, leur, leurs.*

 1.    2.    3.    4.

 5.    6.

7.   8.

1. Suzon à trois ans avec .... chien en peluche.

2. Charles et Sonia avec .... enfants Éva et Noé.

3. Maxime et Angela avec .... bébé Sylvain.

4. Suzon à quatre ans à la montagne avec .... grands-parents.

5. Noël 2003 : Nicolas et .... première bicyclette.

6. Pâques 2004 : les enfants et .... paniers pleins d'œufs en chocolat.

7. 1940 : l'oncle Gustave et .... épouse.

8. Papi André avec tous .... petits-enfants.

DU CÔTÉ DE LA **COMMUNICATION**

ANNONCER UNE NOUVELLE, RÉAGIR/FÉLICITER

7

Pour chaque situation, cochez la phrase correcte.

1. Vous annoncez un mariage dans un faire-part.

   ☐ **a.** M. et Mme Lemaire ont la grande douleur de vous annoncer le mariage de leur fille.

   ☐ **b.** M. et Mme Lemaire ont la grande tristesse de vous annoncer le mariage de leur fille.

   ☐ **c.** M. et Mme Lemaire ont la grande joie de vous annoncer le mariage de leur fille.

2. Vous annoncez un décès dans un message.

   ☐ **a.** J'ai une bonne nouvelle : ta grand-mère est décédée.

   ☐ **b.** J'ai une mauvaise nouvelle : ta grand-mère est décédée.

   ☐ **c.** J'ai une grande nouvelle : ta grand-mère est décédée.

3. Vous réagissez à l'annonce d'un mariage.

   ☐ **a.** Je vous souhaite beaucoup de bonheur.

   ☐ **b.** Je vous souhaite bonne chance.

   ☐ **c.** Je vous présente mes condoléances.

4. Vous réagissez à l'annonce du mariage de votre amie.

   ☐ **a.** Je suis très heureux/heureuse pour toi.

   ☐ **b.** Quelle terrible nouvelle !

   ☐ **c.** Je suis très triste pour toi.

5. Vos amis annoncent qu'ils vont avoir un enfant. Vous réagissez.

   ☐ **a.** Quelle surprise !

   ☐ **b.** Félicitations !

   ☐ **c.** Je suis désolé(e).

DEMANDER/DONNER DES NOUVELLES

8

Mettez les répliques dans l'ordre.

...... **a.** – Mais comment ça s'est passé ?

...... **b.** – Maintenant ça va mieux, je n'ai plus mal.

...... **c.** – J'ai la jambe cassée.

...... **d.** – Bonjour, Mme Dupuis. Oh ! Qu'est-ce qui vous arrive ?

...... **e.** – Et comment vous sentez-vous maintenant ?

...... **f.** – Eh bien, la semaine dernière, je suis tombée dans l'escalier, et voilà le résultat !

EN SITUATION

S'EXPRIMER – ÉCRIT ✐

FAIRE PART

9

a) Sur une feuille séparée, imaginez le faire-part ou le message pour chacune des situations suivantes.

1. Zoé annonce son mariage à ses copines dans un message Internet.

2. Anne et Mathieu annoncent à leur amis la naissance de leur septième enfant dans un message Internet.

3. Les parents de Jeanne Ballet et de Simon Vuillard annoncent leur mariage dans un faire-part.

4. Coralie (huit ans) et Virginie (six ans) annoncent la naissance de leur frère Christophe dans le journal.

b) Sur une feuille séparée, rédigez votre réponse à chacun de ces messages ou de ces faire-part.

1. Vous êtes une des copines de Zoé.

2. Vous êtes un(e) des ami(e)s de Anne et Mathieu.

3. Vous êtes un(e) ami(e) des parents.

4. Vous êtes une connaissance des parents de Coralie, Virginie et Christophe.

LES ÉVÉNEMENTS FAMILIAUX

1

Complétez avec le nom de l'événement qui convient.

1. Bruno et Cécile ont rompu la semaine dernière. Cécile m'a annoncé leur ....

2. Le bébé d'Élise est né la semaine dernière. J'ai reçu le faire-part de .... ce matin.

3. Alice et Abdel se marient le mois prochain ; leur .... a lieu à Villefranche.

4. Devine ce que Renaud m'a annoncé au téléphone ! Il quitte sa femme ! C'est son quatrième .... !

5. Mon oncle est décédé dans un accident hier. J'ai appris son .... ce matin.

2

Proposez une autre formulation pour les éléments soulignés.

1. Nicolas va se marier, pour la deuxième fois. ....

2. Les parents de Sophie se sont séparés l'an dernier. ....

3. Mon frère épouse Élodie la semaine prochaine. ....

4. Le grand-père de Marie est décédé hier. ....

5. Erwan a vu le jour à la maternité de Brest. ....

LA FAMILLE RECOMPOSÉE

3

Qui est-ce ? Lisez les énigmes et trouvez de qui on parle.

1. C'est le fils de mon père, mais ce n'est pas mon frère. ....

2. C'est la fille de mon père, mais ce n'est pas ma sœur. ....

3. C'est le deuxième mari de ma mère, mais ce n'est pas mon père. ....

DU CÔTÉ DE LA **GRAMMAIRE**

LE PASSÉ RÉCENT ET LE FUTUR PROCHE

4

Transformez en utilisant le passé récent.

Exemple : Le voisin a téléphoné pour nous inviter à l'apéritif.
➔ *Le voisin vient de téléphoner pour nous inviter à l'apéritif.*

1. Guillaume est parti en vacances ce matin.

....

2. Anaïs et Clément se sont mariés la semaine dernière.

....

3. Bastien a trouvé un travail hier.

....

4. Nous avons choisi un prénom pour notre bébé : Miléna !

....

5. Il est 17 h 05, la banque a fermé.

....

6. 23 décembre, ouf ! On a terminé les achats de Noël !

....

5

Racontez la vie actuelle des personnages. Utilisez le passé récent ou le futur proche.

Exemple : Les événements récents : mariage... → *Il vient de se marier.*

1. Tout va bien pour M. Duchemin !
Événements récents : mariage, promotion au travail (directeur), gagnant au Loto (premier lot), nouvelle d'un futur bébé.
Projets pour lui et sa femme : achat d'un appartement plus grand, changement de voiture, voyage à l'étranger.

....

....

....

....

2. Période difficile pour M. Futile !
Événements récents : troisième divorce, vente de la grande maison, déménagement dans un appartement plus petit.
Projets : recherche d'une nouvelle femme, voyage autour du monde, achat d'une nouvelle maison.

....

....

....

....

3. Bonne semaine pour Mlle Dufresne !
Événements récents : invitation d'un ami au bord de la mer, rencontre de nouveaux amis, bons résultats aux examens.
Projets pour le week-end : fête avec les étudiants, week-end à la mer avec les nouveaux amis.

....

....

....

....

DU CÔTÉ DE LA **COMMUNICATION**

APPELER/RÉPONDRE AU TÉLÉPHONE

6

Qui parle ? Classez les phrases dans le tableau.

1. Allô ! Est-ce que je peux parler à Cécile, s'il vous plaît ?

2. Ne quittez pas, je vous passe Marc Lebrun.

3. C'est de la part de qui ?

4. Vous voulez laisser un message ?

5. Je voudrais parler à Mlle Chambot, s'il vous plaît.

6. Est-ce que je peux laisser un message ?

7. Je suis désolée, elle n'est pas là.

8. Allô ! Alice ? C'est Violaine !

9. Quel numéro demandez-vous ?

10. Oui, c'est moi. Qui est à l'appareil ?

11. Allô ! Je suis bien au 01 39 43 82 27 ?

12. Ah non ! Ici, c'est le 01 39 43 82 17.

La personne qui appelle	La personne qui répond
....	....

7

Complétez les conversations téléphoniques.

1. – Allô ! .... ?

    – Ah non ! C'est Mathieu. Alex vient de sortir. .... ?

    – C'est Nadia. Est-ce qu'Alex va bientôt rentrer ?

    – À la fin de l'après-midi, je pense. .... ?

    – Oui. Dis que j'ai appelé et que je vais rappeler ce soir.

2. – Cabinet médical, bonjour !

    – Bonjour, ...

    – Ah ! Je suis désolée, le docteur Lamartin n'est pas là aujourd'hui. Vous voulez parler à un autre médecin ?

    – Oui, je peux parler aussi au Dr Aubry s'il est là.

    – Oui, il est là. .... ?

    – Mme Ledoux.

    – ...., Mme Ledoux, je vous le passe.

3. – Allô ! Elsa ?

    – Pardon ? .... ?

    – Je ne suis pas au 01 45 67 08 10 ?

    – Ah non, ... ! Ici c'est le 01 45 67 09 10.

    – Ah ! Je suis désolé. Au revoir !

4. – Allô ! Bonjour, est-ce que je peux parler à Lucille ?

    – ....

    – D'accord, j'attends.

    – Elle est sous la douche, ... ?

    – D'accord, dans dix minutes.

EXPRIMER UN POURCENTAGE

8

Trouvez une autre façon de formuler chaque information.

Dans cette classe :

1. 50 % des élèves sont des garçons.

....

2. Un élève sur dix est enfant unique.

....

3. 25 % des élèves ont deux frères et sœurs.

....

4. Un tiers des élèves ont des parents divorcés.

....

5. Un élève sur cinq vit dans une famille recomposée.

....

COMPRENDRE – ÉCRIT 👁

EN FAMILLE

9

Voici quelques résultats d'une enquête sur les frères et sœurs. Lisez les tableaux et répondez.

Selon vous, dans une même famille, quel est le nombre idéal de frères et sœurs ? (en %)	
1 frère ou 1 sœur	2
2 frères et sœurs	37
3 frères et sœurs	40
4 frères et sœurs	14
5 frères et sœurs	5
Sans opinion	4
Nombre moyen idéal de frères et sœurs	**3**

Trouvez-vous que l'entente avec vos frères et sœurs est… ? (en %) (Base : personnes déclarant avoir au moins un frère ou une sœur.)	
Très bonne	47
Plutôt bonne	44
TOTAL BONNE	**91**
Plutôt mauvaise	5
Très mauvaise	3
TOTAL MAUVAISE	**8**
Sans opinon	1

Combien avez-vous de frères et sœurs ? (en %)	
Pas de frère ni de sœur	11
1 frère ou 1 sœur	29
2 frères et sœurs	21
3 frères et sœurs	16
4 frères et sœurs	23
Nombre moyen de frères et sœurs	**3**

Ce que vous préférez faire avec vos frères ou sœurs, c'est… ? (en %)	
Les voir dans des réunions familiales	54
Parler en tête à tête	22
Partir en vacances	12
Sortir au cinéma, au théâtre	5
Faire des courses	3
Sans opinion	4

Sondage Ifop – L'Express, « La fratrie aujourd'hui », juin 2000.

1. En moyenne, il y a un enfant par famille en France. ❐ vrai ❐ faux
2. Environ un tiers des personnes interrogées pensent que le nombre idéal de frères et sœurs est deux. ❐ vrai ❐ faux
3. Une personne sur dix n'a pas de frère ni de sœur. ❐ vrai ❐ faux
4. La moitié de la population a un ou deux frères ou sœurs. ❐ vrai ❐ faux
5. Neuf personnes sur dix s'entendent bien avec leurs frères et sœurs. ❐ vrai ❐ faux
6. Un tiers des personnes aiment beaucoup voir leurs frères et sœurs en famille. ❐ vrai ❐ faux

S'EXPRIMER – ÉCRIT ✐

EN FAMILLE (SUITE)

10

Le magazine a décidé d'illustrer cette enquête avec des témoignages sur les frères et sœurs.
Vous témoignez. Sur une feuille séparée, dites combien de frères et sœurs vous avez, quel est le nombre idéal pour vous. Précisez quelle est votre relation avec vos frères/sœurs (demi-frères/demi-sœurs) et ce que vous préférez faire avec eux.
Si vous n'avez pas de frères ni de sœurs, témoignez sur votre situation d'enfant unique. Vous exprimez votre sentiment sur cette situation et expliquez les avantages et inconvénients.

LA DESCRIPTION PHYSIQUE

1

Associez les éléments. (Plusieurs réponses sont parfois possibles.) Faites les accords nécessaires.

....	**1.** les yeux	**a.** gros	**e.** grand	**i.** brun	**m.** vert	**q.** bleu
....	**2.** les cheveux	**b.** maigre	**f.** court	**j.** blanc	**n.** roux	**r.** grand
....	**3.** la taille	**c.** moyen	**g.** frisé	**k.** petit	**o.** gris	**s.** mince
....	**4.** la silhouette	**d.** noir	**h.** châtain	**l.** bouclé	**p.** gros	**t.** marron

LA BIOGRAPHIE

2

Complétez les listes.

Verbes	Noms
naître	la ....
....	le retour
rencontrer	la ....
....	le départ
s'inscrire	l' ....

LE PASSE COMPOSÉ AVEC *ÊTRE* OU *AVOIR*

3

1. Le célèbre pianiste Arturo Flemming .... mort.

2. La princesse Sonia .... quitté son mari.

3. John et Barbara se .... séparés.

4. L'actrice Birgit Fardot .... devenue un modèle pour toutes les jeunes filles.

5. Deux acteurs chinois .... gagné l'oscar.

6. Le petit Ignacio, fils du footballeur Mariano, ... né ce matin.

7. Le ténor Luciano Manzano .... venu chanter deux jours à l'opéra de Paris.

8. Jack Johannes .... arrivé à Cannes pour présenter son dernier film.

LE PASSÉ COMPOSÉ DES VERBES PRONOMINAUX

4

Complétez les témoignages avec les verbes entre parenthèses au passé composé.

1. *Éva témoigne.*

Mes parents sont bizarres... Ils (se rencontrer) .... en 1980.

Ils (se marier) .... en 1985. Dix ans plus tard, ils (se séparer)

.... Mais, l'an dernier, ils (se remarier) .... !

2. *Yvan témoigne.*

Gaëlle et moi, on (se connaître) .... le 31 décembre, à un réveillon de la Saint-

Sylvestre. On (s'aimer) .... au premier regard ! On (ne plus se quitter)

.... : on (se marier) .... le mois dernier.

3. *Lucille témoigne.*

Ma meilleure amie d'enfance et moi, nous (se retrouver) .... la semaine dernière !

Nous (ne pas se voir) .... pendant quinze ans, mais quand nous (se regarder)

...., nous (se reconnaître) .... immédiatement !

5

Transformez, comme dans l'exemple.

Exemple : Isabelle de Bourgogne et Jean de Bourges : pas de mariage la semaine dernière comme prévu. (se marier)
→ *Isabelle de Bourgogne et Jean de Bourges ne se sont pas mariés la semaine dernière comme prévu.*

1. Pas de rupture entre Lola Alfonsi et Stefano Borgo. (rompre)

....

2. Pas de divorce pour Éva et Christian de France. (divorcer)

....

3. Pas de vacances ensemble pour Jennifer et Ben Jonhson. (passer)

....

4. Pas de séparation entre Arthur et Carine Brunelle pendant le tournage. (se séparer)

....

5. Diane d'Anvers et Étienne de Gilles : pas de fiançailles comme prévu. (se fiancer)

....

C'EST/IL EST

6

Complétez avec *c'*, *il*, ou *elle*.

1. ...... est un garçon très sympathique, ... est grand et sportif : .... est mon joueur de tennis préféré !

2. ...... est petit et timide, mais .... est très intelligent, et .... est un grand scientifique.

3. ...... est une femme indépendante. ...... est blonde, mince et assez grande et .... est une collègue très appréciée !

4. ...... est un jeune prince et .... est célibataire.

5. ...... est acteur, ... est beau et .... est un homme très généreux.

6. ...... est brune et mince et .... est la sœur de ma meilleure amie.

PRÉSENTER, DÉCRIRE

7

À l'aide des éléments suivants, donnez des informations sur le physique de ces personnes. (Attention ! Faites les accords nécessaires.)

il – cheveux – gros – grand – sportif – est – l'air intelligent – elle – blond – les yeux – frisé – une allure – noir – court – blanc

1.

2.

3.

4.

1. ....
2. ....
3. ....
4. ....

DÉCRIRE PHYSIQUEMENT UNE PERSONNE

8

Complétez les trois conversations.

1. – William, toutes nos félicitations pour la naissance de votre fille ! Vous pouvez nous dire comment elle est physiquement ?

   – Eh bien, elle ....
   .... comme sa mère et ....
   .... comme son père !

   – Et quelques précisions encore sur sa naissance…

   – Elle .... à 17 heures et sa maman ....

2. – David Moreno, un petit mot sur votre prochain film : vous avez déjà choisi l'acteur principal ? Vous pouvez nous le décrire physiquement ?

   – Oui, c'est un inconnu, il ....

   – Et l'actrice ?

   – C'est ....
   ....

3. – Lisa Miranda, dans votre dernier film, vous avez changé complètement de physique, n'est-ce pas ?

   – Oui, je suis très différente dans ce film : ....
   ....
   ....

COMPRENDRE – ÉCRIT 👁

CÉLÉBRITÉS

9

Lisez les notices biographiques et trouvez les noms des deux personnages célèbres dans la liste suivante.

Jacques
Chirac

Catherine
Deneuve

Laetitia
Casta

Johnny
Depp

Demi
Moore

Sharon
Stone

Zinedine
Zidane

David
Beckham

Nom : . . . .

Date et lieu de naissance : 23 juin 1972 à
Marseille (France).

Profession : footballeur.

16 ans   Début de sa carrière professionnelle.

1991   Entrée dans le club des Girondins
de Bordeaux.

1996   Changement de club : joue pour
la Juventus de Turin.

1998   Victoire de l'équipe de France
au Mondial de football.

2002   Naissance de son troisième enfant
et départ pour la coupe du monde
en Corée. Après la défaite de la France,
décision de quitter l'équipe de France.

2005   Retour dans l'Équipe de France.

1.

Nom : . . . .

Date et lieu de naissance : le 11 mai 1978 à Pont-Audemer (France).

Père d'origine corse.

Signes particuliers : grande, brune, yeux verts, silhouette de rêve.

Profession : mannequin et comédienne.

1993   Début de sa carrière de mannequin.

    Nombreux défilés de mode : Yves Saint-Laurent,
Jean-Paul Gaultier, etc.

1998   Débuts au cinéma dans *Astérix et Obélix
contre César* avec Gérard Depardieu.

1999   Premier rôle dans le téléfilm *La Bicyclette bleue*.

18 octobre 2001   Naissance de sa fille Sahteene.

2001-2005   Joue dans plusieurs films : *Gitano, Les Âmes
fortes, Rue des Plaisirs, La Fille aux yeux d'or*.

2004   Débuts au théâtre dans *Ondine*, de Jean Giraudoux.

2.

S'EXPRIMER – ÉCRIT ✎

CÉLÉBRITÉS (SUITE)

10

Sur une feuille séparée, écrivez la biographie de ces deux personnages à partir des notices biographiques.

1. … est né le … à …

2. … est née le … à …

LES SENSATIONS, LES PERCEPTIONS

1

Associez les éléments des trois colonnes. (Plusieurs associations sont parfois possibles.)

Les cinq sens	Les parties du corps	Les actions
la vue	la bouche, la langue	regarder
l'odorat	la main, les doigts	entendre
le goût	les oreilles	sentir
l'ouïe	les yeux	écouter
le toucher	le nez	voir

2

Complétez avec les verbes suivants.

vois – sens – regarde – entends – regardes

1. Écoute ! Tu .... le vent dans les arbres ? Les dernières feuilles vont tomber aujourd'hui !

2. Hum, je .... les odeurs de la forêt, c'est agréable !

3. – Tu es encore devant la fenêtre ! Qu'est-ce que tu .... ?

– Les écureuils dans le jardin. Toi aussi, ... ! Ils sont magnifiques.

4. Tu .... ces gros nuages ? Je crois qu'il va pleuvoir aujourd'hui.

5. J'aime les soirs chauds d'été, quand je .... le vent de la mer dans mes cheveux et sur ma peau.

LES SAISONS

3

Associez les mots suivants à une saison.

1. la mort ....

2. la vie ....

3. la vieillesse ....

4. l'eau ....

5. la longue nuit ....

6. la lumière ....

7. les fleurs ....

8. la tristesse ....

9. la naissance ....

10. la joie ....

11. le froid ....

12. l'amour ....

13. la nostalgie ....

14. la jeunesse ....

LE CLIMAT, LE TEMPS

4

Associez les phrases à un phénomène météo.

Exemple : Toute cette eau qui tombe ! ➜ la pluie.

1. Le thermomètre marque 0 degré. ....

2. Je ne vois pas à plus de 30 mètres. ....

3. Il pleut fort, le ciel est noir. ....

4. Il fait très chaud. ....

5. Les feuilles volent. ....

6. Tout est blanc. ....

LES VERBES DE LA MÉTÉO

5

Trouvez une phrase équivalente, comme dans l'exemple.

Exemple : La température est de 21 degrés. ➡ *Il fait 21 degrés.*

1. Il y a du soleil. ....

3. Il y a du gel. ....

2. Il y a de la neige. ....

4. Il y a de la pluie. ....

ÊTRE ET *FAIRE* DANS LES EXPRESSIONS MÉTÉOROLOGIQUES

6

Complétez avec *être* ou *faire* au temps qui convient.

1. Nice le 2 mai : Aujourd'hui la Côte d'Azur .... sous le soleil ; le ciel .... d'un bleu merveilleux, et il .... 26 degrés.

2. Rennes le 22 août : Il ne .... pas très beau aujourd'hui ; le ciel .... couvert et les nuages .... nombreux.

3. Paris le 16 juillet : Hier, il .... beau et très chaud mais aujourd'hui les orages .... là. Les nuages .... noirs et la pluie ne .... pas loin.

4. Lyon le 27 février : Hier, il .... froid pour la saison mais aujourd'hui le temps .... doux, le ciel .... dégagé et il .... 11 degrés.

5. Marseille le 3 août : Les températures .... exceptionnellement chaudes : il .... 41 degrés, ce .... la canicule !

SITUER UN ÉVÉNEMENT DANS L'ANNÉE : PRÉPOSITION + NOM DE SAISON, MOIS, *LE* + DATE

7

Dites à quel moment de l'année ils sont nés.

Exemple : Patricia 25/06/05 ➡ *Patricia est née en été, fin juin, le 25 juin exactement.*

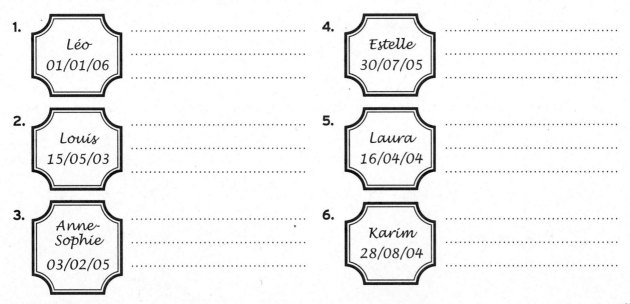

1. Léo 01/01/06 ....

4. Estelle 30/07/05 ....

2. Louis 15/05/03 ....

5. Laura 16/04/04 ....

3. Anne-Sophie 03/02/05 ....

6. Karim 28/08/04 ....

EXPRIMER DES SENTIMENTS

8

Associez les phrases aux dessins.

...... **1.** Quel malheur !

...... **2.** J'ai le cœur joyeux !

...... **3.** Je souris à la vie ! Je pleure de joie !

...... **4.** Comme je suis malheureux !

...... **5.** Quelle joie !

...... **6.** Je suis triste !

 **a.**

 **b.**

PARLER DU TEMPS, DE LA MÉTÉO

9

Avec les éléments suivants, composez des formules pour parler du temps.

des nuages – du soleil – doux – fait – couvert – il y a – est – le vent – chaud – mauvais – il – le ciel – froid - le temps

....
....
....
....
....
....
....
....
....

EN SITUATION

COMPRENDRE – ÉCRIT ◉

QUATRE SAISONS

10

Lisez ci-contre le début d'une nouvelle ; le texte est dans le désordre. Remettez le texte dans l'ordre en vous aidant des indications suivantes.

..b.. **1.** titre

...... **2.** où ?

...... **3.** l'annonce d'un changement

...... **4.** les sensations nouvelles

...... **5.** les sentiments

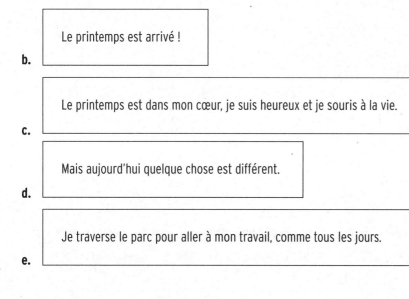

a. Je sens dans l'air un parfum de liberté : tout est léger et en mouvement. La nature s'est réveillée : j'entends le chant des oiseaux, je vois les arbres déjà verts. Aujourd'hui, j'ouvre les yeux : il y a des couleurs partout et les filles sont belles !

b. Le printemps est arrivé !

c. Le printemps est dans mon cœur, je suis heureux et je souris à la vie.

d. Mais aujourd'hui quelque chose est différent.

e. Je traverse le parc pour aller à mon travail, comme tous les jours.

S'EXPRIMER – ÉCRIT

QUATRE SAISONS (SUITE)

11

À votre tour, écrivez un texte sur une feuille séparée pour annoncer l'arrivée de l'hiver, l'automne ou l'été. Suivez la même organisation que dans le texte précédent.

LA LOCALISATION

1

Écrivez toutes les directions possibles.

1. *au nord-est*

2. ....

3. ....

4. ....

5. ....

6. ....

7. ....

8. ....

2

Des touristes précisent leur position géographique. Complétez leurs messages avec les expressions suivantes.

près de – sur – au sud-ouest de – entre – à 300 kilomètres de – dans – au centre de – dans le nord de – dans

1. Je suis .... la France.

2. Je suis .... la France.

3. Je suis .... Lyon et Marseille.

4. Je suis .... une île,

.... la Méditerranée,

.... Marseille.

5. Je suis .... l'Espagne.

6. Je suis .... l'océan Atlantique,

.... Bordeaux.

LA CARACTÉRISATION

3

Trouvez des adjectifs pour caractériser un lieu et remplissez la grille.

Verticalement

1. type de climat

2. avec beaucoup de végétation

3. très joli

4. pas petit

Horizontalement

a. actuel, pas ancien

b. le contraire de nouveau

c. le contraire de grand

d. pas calme

LES ACTIVITÉS DE PLEIN AIR

4

Trouvez les noms d'activités : complétez les mots.

1. la p _ _ _ g _ e
2. le s _ _ f
3. la v _ i _ e
4. la r _ _ _ _ _ _ ée

5. l'é _ _ it _ _ _ _ n
6. le s _ i _ n _ _ t _ _ _ e
7. le k _ y _ c
8. la n _ t _ _ _ _ n

DU CÔTÉ DE LA GRAMMAIRE

LE PRONOM *Y*

5

Cochez la réponse correcte.

Tour de France

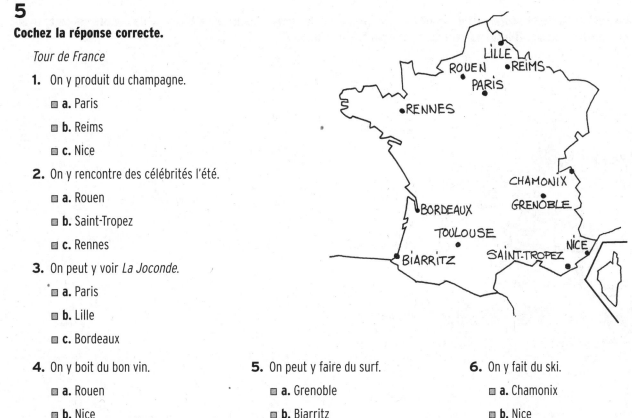

1. On y produit du champagne.
   - **a.** Paris
   - **b.** Reims
   - **c.** Nice

2. On y rencontre des célébrités l'été.
   - **a.** Rouen
   - **b.** Saint-Tropez
   - **c.** Rennes

3. On peut y voir *La Joconde.*
   - **a.** Paris
   - **b.** Lille
   - **c.** Bordeaux

4. On y boit du bon vin.
   - **a.** Rouen
   - **b.** Nice
   - **c.** Bordeaux

5. On peut y faire du surf.
   - **a.** Grenoble
   - **b.** Biarritz
   - **c.** Toulouse

6. On y fait du ski.
   - **a.** Chamonix
   - **b.** Nice
   - **c.** Reims

6

Transformez comme dans l'exemple puis précisez de quel lieu on parle.

Exemple : On vend des gâteaux dans cette boutique. ➜ *On y vend des gâteaux. À la pâtisserie.*

1. On va dans cet endroit pour voir un film.

   ....

2. On admire des œuvres d'art dans ce lieu.

   ....

3. On va là-bas pour prendre le train.

   ....

4. On entre dans cette boutique pour acheter des médicaments.

....

5. On va dans ce lieu pour apprendre.

....

6. On va là-bas pour voir un match de football.

....

7. On séjourne dans cet endroit quand on est très malade.

....

8. On va là-bas pour faire du ski.

....

LA PLACE DES ADJECTIFS

7

Complétez la carte postale en donnant des précisions sur les noms soulignés. Utilisez les adjectifs suivants avant ou après les noms. (Plusieurs réponses sont parfois possibles.)

grand – petit – beau – magnifique – premier

Cher...

J'habite dans cette .... <u>maison</u>

................., ma chambre est ....

à l'<u>étage</u> .... De ma fenêtre,

j'ai une .... <u>vue</u> .... sur

une .... <u>plage</u> ....

Je passe des .... <u>vacances</u>

.... !

Bisous.

PS : J'ai pris des .... <u>photos</u>

.... !

DU CÔTÉ DE LA **COMMUNICATION**

SITUER ET CARACTÉRISER UN LIEU

8

Faites des phrases avec les éléments suivants.

ce/cette – est – île – se trouve – dans – situé(e) – ville – près de – l'océan Atlantique – au centre de – l'Europe – pays – la France – à l'ouest de – à des centaines de kilomètres de

....

....

....

....

9

Cochez les phrases qui conviennent pour chaque situation.

1. Vous situez géographiquement un lieu. Vous dites :

   ☐ **a.** Ce pays est situé entre la France et les Pays-Bas.

   ☐ **b.** Cet endroit se trouve dans l'océan Pacifique.

   ☐ **c.** L'île fait 500 kilomètres de large.

   ☐ **d.** L'hôtel est à 500 mètres de la plage.

   ☐ **e.** Cette région est au centre de l'Europe.

   ☐ **f.** Il y a 500 habitants dans ce village.

2. Vous caractérisez un lieu. Vous dites :

   ☐ **a.** C'est le paradis des touristes.

   ☐ **b.** On y revient en famille avec plaisir chaque année.

   ☐ **c.** Cette région offre beaucoup de possibilités d'hébergement.

   ☐ **d.** J'adore cet endroit.

   ☐ **e.** On appelle cet endroit l'« île enchantée ».

   ☐ **f.** C'est une région très montagneuse.

EN SITUATION

COMPRENDRE – ÉCRIT 👁

CORRESPONDANCE

10

Lisez la lettre de Julien à Adrien. Retrouvez le plan de la lettre : trouvez les phrases qui correspondent aux intitulés suivants.

1. Situe géographiquement la ville. n°....

2. Caractérise les habitants. n°....

3. Caractérise la ville. n°....

4. Explique pourquoi il est dans cette ville. n°....

5. Donne ses impressions/ Exprime un sentiment. n°.... n°....

6. Invite son ami à venir. n°....

7. Précise la durée de son séjour.

> *Montréal le 20 avril*
>
> *Cher Adrien,*
>
> *Je suis à Montréal pour mon travail. C'est une ville typiquement nord-américaine avec ses tours et sa circulation mais il y a aussi de vieux quartiers : les rues y sont calmes avec des petites maisons colorées. Chaque maison a un petit jardin fleuri. C'est charmant ! J'adore ! En fait, Montréal est une grande ville du nouveau monde à visage humain : il y a une grande diversité d'habitants, de catégories sociales et d'ethnies. Ici, les anglophones ressemblent à des latins et les francophones sont assez disciplinés.*
>
> *Je reste jusqu'à fin août : tu peux donc faire un petit tour ici après ton stage aux États-Unis.*
>
> *Montréal est seulement à 600 km de New York !*
>
> *Je t'attends !*
>
> *Salut*   *Julien*

S'EXPRIMER – ÉCRIT ✐

CORRESPONDANCE (SUITE)

11

Vous séjournez dans un lieu nouveau pour vous. Sur une feuille séparée, vous écrivez une lettre à un(e) ami(e). Suivez le même plan que dans la lettre de Julien à Adrien.

LES ACTIVITÉS CULTURELLES/DE LOISIRS

1

Dites où se pratiquent les activités ci-dessous : *à l'extérieur – à l'intérieur – les deux sont possibles.*

1. J'admire les façades des bâtiments de Bruxelles. ....

2. Je fais du shopping dans les galeries couvertes Saint-Hubert. ....

3. Je visite le musée des beaux-arts. ....

4. Je dîne dans un restaurant typique du centre ville. ....

5. Je cherche des objets anciens. ....

6. Je découvre les personnages de BD. ....

7. Je fais une promenade dans le quartier des institutions européennes. ....

2

Associez les éléments. (Plusieurs réponses sont parfois possibles.)

1. un concert	**a.** de sport
2. un film	**b.** de télévision
3. une émission	**c.** de musique
4. une exposition	**d.** de peinture
5. une compétition	**e.** de science-fiction
6. une pièce	**f.** de théâtre

DU CÔTÉ DE LA **GRAMMAIRE**

LE FUTUR SIMPLE

3

a) Complétez le programme : mettez les verbes entre parenthèses au futur simple.

Troisième jour : le matin. Nous (aller) .... au Biodôme de Montréal. Vous y (découvrir) ....
les quatre écosystèmes du continent américain. Cette visite (permettre) .... à tous de connaître
des climats, des saisons, des végétations différentes. Les enfants (avoir) .... la joie de voir
des animaux dans leur environnement naturel.

b) Transformez la suite du programme : utilisez le futur.

Troisième jour : l'après-midi. Nous partons ensuite en direction du Centre canadien d'Architecture : le CCA vous permet
de découvrir l'architecture. Sur place, vous admirez ses expositions, vous restez un long moment dans la librairie et vous
vous promenez dans le magnifique jardin de sculptures. Les amateurs d'architecture ancienne visitent avec plaisir la maison
Shaughnessy, construite en 1874 et superbement restaurée.

....

....

....

....

LE PRÉSENT CONTINU

4

Dites ce que les personnes sont en train de faire.

Exemple : → *Ils sont en train de visiter un musée/regarder un tableau.*

1. Vous ....

2. Elle ....

3. Je ....

4. Il ....

5. Nous ....

6. Tu ....

LE PRONOM *ON*

5

Remplacez *on* par *les gens, nous* ou *quelqu'un* selon le sens et faites les modifications nécessaires.

✉ Envoyer maintenant   📠 📑 🔗 ▾ 🗑 📎 ✒ ▾ 📧 Options ▾ ⬛ 🎞 Insérer ▾ 📋 Catégories ▾

De :	emilie@hotmail.com	⬆⬇
À :	👤 marieleconte@yahoo.fr	
Objet :	coucou de Montréal !	

Chère Émilie,
Quel bonheur, Montréal, l'été ! Il y a plein d'animations et de festivals. Avec Pierre, on fait beaucoup de vélo et de roller (ici on appelle ça les « patins à roues alignées » !).
Les gens sont très sympathiques. On se parle facilement, le contact est simple et direct. On a passé une soirée inoubliable avec des Montréalais hier, et on nous a proposé de passer le week-end à Québec !
J'ai pris beaucoup de photos et je suis en train de faire un album. On le regarde à mon retour ?
Bises,
Marie

....

....

....

....

....

....

....

S'INFORMER SUR DES ACTIVITÉS CULTURELLES

6

À l'aide des informations données dans cette page de guide, complétez la conversation téléphonique.

FÊTES ET FESTIVALS À BRUXELLES	
MAI	
CONCOURS MUSICAL INTERNATIONAL REINE ÉLISABETH Un des événements les plus attendus. Concours de piano, de violon et de chant. Pour les finales, il faut prendre ses billets plusieurs semaines à l'avance.	**JAZZ MARATHON** Excellent festival de jazz partout dans la ville.
	PARCOURS D'ARTISTES À Saint-Gilles, portes ouvertes d'ateliers d'artistes.
LE VINGT-KILOMÈTRES DE BRUXELLES Course à pied. Manifestation ouverte à tous.	**ARTS BRUSSELS** Le palais du Heysel accueille 140 galeries d'art contemporain de réputation internationale.
JUIN	
FESTIVAL COULEUR CAFÉ Concerts multiculturels sur le site Tour et Taxis.	
ÉCRAN TOTAL Au cinéma Arenberg, pendant tout l'été, des films inédits ou des classiques pour le plus grand bonheur des cinéphiles.	

– Allô ! Office de promotion du tourisme à Bruxelles à votre service !

– Oui, bonjour, monsieur, je voudrais avoir des informations sur le programme culturel à Bruxelles au mois de mai prochain.

– Alors, pour la musique, vous ....

....

....

– Et il y a des expositions de peinture ou de sculpture ?

– ....

....

....

– Ah ! Très bien. Est-ce que vous avez aussi quelque chose avec le cinéma au mois de mai ?

– ....

....

– Bien, merci ! Dernière question : mon fils adore le sport. Est-ce qu'il y a des manifestations sportives prévues à cette époque ?

– ....

....

– Je vous remercie beaucoup ! Au revoir !

COMPRENDRE – ÉCRIT ◉

WEEK-END CULTUREL

7

a) Lisez le mél suivant. Un touriste raconte sa visite au centre belge de la BD.

✉ Envoyer maintenant   📇 📑 ✏ ▾ 🗑 📎 ✒ ▾ 📋 Options ▾ 🔁 📽 Insérer ▾ 📋 Catégories ▾

De :	sebastienmoury@wanadoo.fr	▲▼
À :	👤 claudemoury@wanadoo.fr	
Objet :	week-end à Bruxelles	

Chère maman,
Notre séjour à Bruxelles se passe super bien. Hier nous sommes allés tous les quatre au centre belge de la BD :
on a admiré l'architecture extérieure et intérieure du bâtiment, de style Art nouveau. 400 m² de rêve !
En fait, il y a deux musées : le Musée de l'imaginaire – c'est l'histoire de la BD en Belgique jusqu'en 1950 – et
le Musée de la BD contemporaine. Les enfants ont adoré la salle de lecture ! Imagine : une salle avec plus de
24 000 titres en dix langues !
On n'a pas eu le temps de tout visiter alors, demain, on y retourne pour voir l'atelier de E.P. Jacobs (le créateur
de Blake et Mortimer) et une expo sur l'Art nouveau.
Et après, déjeuner en famille à la brasserie du musée !
Gros baisers de nous quatre,
Sébastien

b) Sélectionnez les lieux ou curiosités à voir dans ce centre, et leurs caractéristiques.

....

....

....

....

....

....

....

S'EXPRIMER – ÉCRIT ✎

WEEK-END CULTUREL (SUITE)

8

Vous êtes chargé(e) de préparer la brochure de présentation en français d'un musée de votre ville. Indiquez le nom du musée, le programme de la visite, les horaires d'ouverture et les tarifs.

MUSÉE :	HORAIRES D'OUVERTURE :
VISITE :	....
....	....
....	TARIFS :
....	
....	
....	

LES ALIMENTS

1

Barrez l'intrus.

1. le bœuf – l'agneau – le riz – le lapin – le poulet – le porc

2. le citron – le comté – la pomme – l'orange – le raisin – la poire

3. le beurre – le yaourt – le camembert – les pâtes – le comté – la crème fraîche

4. le poireau – le pain – la salade – la pomme de terre – la tomate – l'artichaut

2

Reconstituez le menu.

Entrée

S _ L _ _ E DE P _ _ _ E _   DE T _ _ _ E

Plat principal

GR _ _ _ N DE COUR _ _ TT _ S

PO _ _ _ T À L' _ STR _ _ _ N

Fromage

C _ _ _ _ B _ _ T

Dessert

_ A _ T _   AUX C _ RI _ _ S

3

Observez ces photos extraites d'un livre de cuisine et identifiez les ingrédients utilisés pour ces deux recettes.

1. *Du vinaigre,* ....

   ....

   ....

   ....

2. ....

   ....

   ....

   ....

NOMMER DES PLATS : *DE* + NOM, *À* + ARTICLE + NOM

4

a) Trouvez des noms de plats à partir des éléments suivants. Utilisez *de* + nom ou *à* + article + nom.

Exemple : gratin de poisson, glace au chocolat

riz – tomates – crème – fraises – haricots – glace – bœuf – vanille – salade – tarte – chocolat – gâteau – lapin – pommes de terre – rôti – purée – crêpe – comté – veau – cerises

....

....

....

....

....

....

....

....

....

b) Imaginez des plats originaux ou tout simplement immangeables !

Exemple : veau aux fraises/yaourt aux tomates

....

....

....

....

....

....

LES ARTICLES

5

Complétez avec *le, la, l', les, un, une, du, de la, de l', des* ou *de*.

1. – Vous prenez du poulet ?

– Ah oui ! J'adore .... poulet.

2. – Vous désirez .... fruit ?

– Non, je ne mange pas .... fruit après le fromage.

3. – Vous prenez .... légumes ?

– Non, je prends .... riz.

4. Qu'est-ce que tu choisis en entrée : .... salade ou .... terrine de lapin ?

5. – Tu n'aimes pas .... poireaux, tu détestes .... chou, mais qu'est-ce que tu aimes ?

– J'aime bien .... navets.

6. – Tu manges .... viande ?

– Oui, mais .... viande blanche uniquement : .... poulet ou .... dinde.

PARLER DE SA CONSOMMATION ALIMENTAIRE

6

Remettez le dialogue dans l'ordre.

...... **a.** – Ben oui, j'ai mangé seulement la viande et j'ai laissé les courgettes.

...... **b.** – En entrée, une salade et après on nous a servi de la dinde avec des courgettes.

...... **c.** – Oui, je sais, mais j'ai pris une salade de haricots verts en entrée.

..1.. **d.** – Qu'est-ce que tu as mangé à midi à la cantine, mon chéri ?

...... **e.** – De la mousse au chocolat ! J'en ai pris trois fois.

...... **f.** – Ah oui ! C'est vrai, les haricots verts de l'entrée, ça fait le légume. Et comme dessert ?

...... **g.** – Mais je te dis et je te répète qu'il faut toujours manger un légume !

...... **h.** – Ça alors ! Mais tu n'aimes pas les courgettes !

7

a) Imaginez les habitudes alimentaires de cette personne.

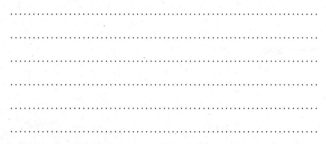

....
....
....
....
....
....

b) Il a décidé de maigrir. Décrivez ses nouvelles habitudes alimentaires.

....
....
....
....
....
....

8

Précisez les habitudes alimentaires des personnages et animaux suivants.

1. un bébé de deux mois : ....

2. un chat : ....

3. un sportif : ....

4. un chien : ....

5. un mannequin : ....

6. un lapin : ....

7. un végétarien : ....

8. une vache : ....

COMPRENDRE – ÉCRIT ◉

BONNES OU MAUVAISES HABITUDES ?

9

a) Lisez le texte et expliquez le titre.

....

....

b) Donnez un titre à chaque paragraphe.

RÉGIMES ADOS : MAUVAISE NOTE !

Les adolescents se nourrissent mal : c'est le cri d'alarme
des médecins nutritionnistes et des diététiciens.

....

....

....

....

Pour commencer la journée, garçons et filles se contentent en général d'une simple boisson chaude (chocolat, café, thé) et s'étonnent de se sentir fatigués vers 11 heures !

À midi, les élèves qui déjeunent à la cantine sont certains de bénéficier d'un menu équilibré (légumes, viande ou poisson, laitage, fruit) mais que dire des jeunes qui n'avalent qu'un sandwich en vitesse ou, pire, grignotent une barre chocolatée ?

À la sortie des cours, vers 17 heures, rares sont les pauses goûter avec laitages et fruits : c'est plutôt l'heure de la cigarette (37 % fument du tabac tous les jours).

Enfin, le soir, c'est de plus en plus la pratique du self-service qui fonctionne et, là, les ados se composent des menus à partir des ressources du réfrigérateur familial, d'où l'importance des choix parentaux en matière d'alimentation.

S'EXPRIMER – ÉCRIT ✎

BONNES OU MAUVAISES HABITUDES ? (SUITE)

10

Vous avez lu cette annonce sur un site Internet. Sur une feuille séparée, écrivez votre témoignage : précisez votre type d'alimentation aux différents repas de la journée.

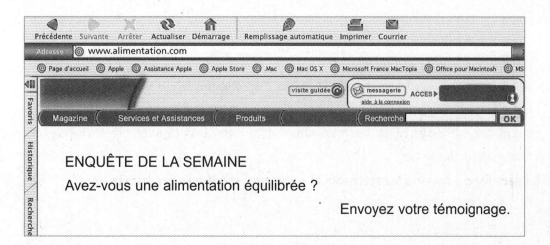

LES VÊTEMENTS ET ACCESSOIRES

1

Associez les éléments. (Plusieurs associations sont parfois possibles.) Faites les accords nécessaires.

un short – un pull – une jupe – un pantalon – un manteau – des chaussures – un tee-shirt – un sac – une veste – des lunettes – une robe – une écharpe

uni – à talons plats – en cuir – en coton – en soie – à manches longues – noir – court – à fleurs – longue – à col roulé

....

....

....

....

....

....

2

Vous faites votre valise pour partir une semaine. Faites la liste des vêtements et accessoires que vous emportez.

1. à Nice au mois d'août   2. à Chamonix (dans les Alpes) en hiver   3. à Cannes en mai pour le festival de cinéma

1. ....

....

2. ....

....

3. ....

....

3

a) Barrez l'intrus.

1. un maillot de bain – un tee-shirt – des chaussettes en laine – une robe en soie – un short – un bermuda – des lunettes de soleil – une jupe en coton

2. des gants en laine – des bottes en cuir – un manteau de fourrure – une écharpe – un bonnet – un top sans manches – un blouson – des collants en laine

b) Relisez les deux listes : entourez les vêtements et accessoires spécifiques aux femmes.

LES PRONOMS COMPLÉMENTS D'OBJET DIRECT *LE, LA, L', LES*

4

Complétez avec le pronom qui convient.

> ### TEST DE LA SEMAINE :
> ### ÊTES-VOUS UNE FASHION VICTIM ?
>
> **❶ Les mannequins**
>
> a. Vous .... trouvez beaux/belles et vous essayez de .... imiter.
>
> b. Vous .... critiquez souvent.
>
> c. Vous ne .... regardez jamais.
>
> **❷ Un chèque surprise de 300 euros**
>
> a. Vous .... dépensez immédiatement dans une boutique de vêtements branchés*.
>
> b. Vous ne .... dépensez pas en vêtements mais en matériel high-tech.
>
> c. Vous ...... déposez à la banque parce que vous ne savez pas comment .... utiliser maintenant.
>
> **❸ Une veste sublime dans une boutique**
>
> a. Vous entrez et vous .... achetez sur le champ.
>
> b. Vous .... essayez en présence d'un(e) ami(e) et demandez son opinion.
>
> c. Vous attendez le moment des soldes pour vous .... offrir.
>
> **❹ La mode**
>
> a. Vous .... suivez rigoureusement.
>
> b. Vous .... adaptez à votre personnalité.
>
> c. Vous .... devancez.
>
> * Branché : à la mode.

DU CÔTÉ DE LA **COMMUNICATION**

EXPRIMER UNE APPRÉCIATION POSITIVE OU NÉGATIVE

5

**Observez ces deux mannequins.
Trouvez des appréciations positives
et/ou négatives pour chaque mannequin
et sa tenue. Utilisez des formules
comme :** *elle a l'air de* **+ nom –**
elle a l'air **+ adjectif –**
je la/les trouve **+ adjectif.**

1.

2.

1. ....
....

2. ....
....

CONSEILLER QUELQU'UN

6

Vous conseillez une amie qui se trouve trop grosse/maigre. Utilisez les structures suivantes : *il faut* + nom ou verbe infinitif – *tu peux/dois* + infinitif – impératif – *n'hésite pas à* + infinitif – *évite de* + infinitif.

Exemple : Porte des couleurs foncées./Il faut porter souvent du noir.

....

....

....

....

....

S'EXPRIMER – ÉCRIT

DES GOÛTS ET DES COULEURS

7

a) Observez ce puzzle et imaginez, sur une feuille séparée, deux tenues (classiques, élégantes, originales, drôles...). Pour chacune, sélectionnez quatre éléments du puzzle (une tête, un vêtement porté en haut du corps, un en bas et des chaussures) et imaginez des couleurs.

b) Sur une feuille séparée, écrivez pour un magazine de mode les textes descriptifs qui présentent les mannequins avec les deux tenues composées.

Exemple : Barthélemy, notre mannequin blond, porte un pull-over blanc en coton, un bermuda en lin, à rayures noires et rouges. Il porte des tennis noires avec des chaussettes de sport blanches. On adore !

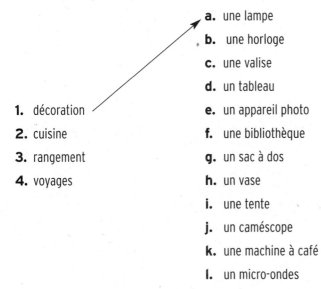

LES CADEAUX

1

Associez les catégories et les cadeaux.

1. décoration
2. cuisine
3. rangement
4. voyages

- **a.** une lampe
- **b.** une horloge
- **c.** une valise
- **d.** un tableau
- **e.** un appareil photo
- **f.** une bibliothèque
- **g.** un sac à dos
- **h.** un vase
- **i.** une tente
- **j.** un caméscope
- **k.** une machine à café
- **l.** un micro-ondes

2

Faites des propositions de cadeaux : associez les éléments. (Plusieurs associations sont parfois possibles.)

Je cherche un cadeau pour les personnes suivantes, qu'est-ce que vous me conseillez ?

1. un(e) ami(e) fashion victim
2. un(e) ami(e) fumeur
3. un(e) ami(e) intello
4. un couple de cinéphiles
5. un(e) ami(e) globe-trotter
6. un couple de personnes âgées
7. votre père
8. votre mère
9. votre petit(e) ami(e)
10. vos neveux de dix ans

- **a.** un parfum
- **b.** un sac Gucci
- **c.** un roman d'aventures
- **d.** un briquet
- **e.** un jeu vidéo
- **f.** un tee-shirt de marque
- **g.** des places de cinéma
- **h.** un bijou fantaisie
- **i.** une serviette de plage
- **j.** un stylo en or
- **k.** un cendrier
- **l.** un livre d'essai philosophique
- **m.** une cravate
- **n.** un tablier de cuisine
- **o.** un DVD
- **p.** un pendentif
- **q.** une bande dessinée
- **r.** un chèque-théâtre

LES PRONOMS COMPLÉMENTS D'OBJET INDIRECT *LUI* ET *LEUR*

3

Dites de quel(les) personne(s) on parle : reformulez comme dans l'exemple.

Exemple : On lui demande conseil quand on a un problème personnel.
➜ *On demande conseil **à son psychologue** quand on a un problème personnel.*

1. On leur envoie une carte postale de vacances.

....

2. Je lui fais un cadeau pour sa fête. ....

3. Je lui dis : « Je t'aime. » ....

4. On leur offre surtout des jouets. ....

5. La police lui demande ses papiers. ....

6. On leur parle lentement parce qu'ils ne comprennent pas bien notre langue.

....

LES PRONOMS RELATIFS *QUI* ET *QUE*

4

a) Complétez avec *qui* ou *que* puis dites de quelle profession on parle.

*Exemple : C'est une personne **qui** joue d'un instrument et **que** vous pouvez écouter en concert. ➜ un musicien*

1. C'est une personne .... vous consultez quand vous êtes malade et .... vous prescrit des médicaments.

➜ ....

2. C'est une personne .... s'occupe des fleurs et des plantes. ➜ ....

3. C'est une personne .... peut gagner beaucoup d'argent et .... on peut voir au cinéma.

➜ ....

4. C'est une personne .... travaille à la radio, à la télé ou pour un journal et .... nous informe sur l'actualité.

➜ ....

b) À vous ! Proposez quatre autres devinettes.

....
....
....
....

5

a) Transformez comme dans l'exemple puis dites de quel objet on parle.

Exemple : Dans ma chambre : J'utilise cet objet pour éclairer la pièce ; cet objet est décoratif.
➜ *C'est un objet que j'utilise pour éclairer la pièce et qui est décoratif. ➜ une lampe*

Dans ma salle de bains

1. Je prends cet objet pour me laver les dents. C'est un objet ....

.... ➜ ....

2. Cet objet est très pratique pour se coiffer. C'est un objet ....

.... → ....

3. Cet objet est en coton et je l'utilise après la douche. C'est un objet ....

et .... → ....

Dans ma cuisine

4. Cet objet est en métal et permet de cuire des aliments. C'est un objet ....

et .... → ....

5. Cet objet sert à boire du café et du thé et il est souvent en porcelaine. C'est un objet...............................

et .... → ....

b) À vous ! Imaginez quatre autres devinettes avec des objets de la vie quotidienne.

....

....

....

....

....

....

....

....

DU CÔTÉ DE LA **COMMUNICATION**

CONSEILLER SUR LE CHOIX D'UN CADEAU

6

Complétez les échanges avec les phrases suivantes.

a. Offrez-leur un week-end en Italie

b. Prends-lui un appareil numérique

c. On peut lui offrir un téléphone portable

d. Vous pouvez lui prendre un vélo

e. Je vous conseille de lui offrir un parfum

f. Achète-lui plutôt un livre ou un CD, pour changer

1. – Qu'est-ce que j'offre à Corinne ?

– ...., elle adore la photo !

2. – On a déjà pensé à tous nos cadeaux de Noël, mais on ne sait pas quoi offrir à nos parents !

– ...., il y a des promotions de voyages sur Internet en ce moment !

3. – Et pour papa, je prends une cravate, comme d'habitude ?

– .... !

4. – Mademoiselle, vous pouvez me conseiller ? Qu'est-ce que je peux offrir à un enfant de cinq ans ?

– ...., les petits garçons aiment bien faire du sport !

5. – Tu as une idée de cadeau pour l'anniversaire de maman ?

– ...., comme ça elle pourra nous appeler !

6. – Madame, je cherche une idée de cadeau pour mon épouse.

– Ah ! Monsieur, ..., Ça fait toujours plaisir à une femme.

CARACTÉRISER UN OBJET PAR SA FONCTION

7

a) Expliquez à quoi ces objets servent, comme dans l'exemple.

Exemple : un couteau ➜ *Il sert à/Il permet de/On l'utilise pour couper quelque chose.*

1. un stylo ....

2. une clé ....

3. un réfrigérateur ....

4. une voiture ....

5. une valise ....

6. un réveil ....

7. un caméscope ....

b) Choisissez un appareil dans la classe et un objet sur vous ou dans votre sac et expliquez leur fonction.

....

....

EN SITUATION

S'EXPRIMER – ÉCRIT ✎

OBJETS INTROUVABLES

8

Ces curieux objets sont extraits du *Catalogue des objets introuvables*.
**Sur une feuille séparée, écrivez une légende pour présenter ces objets dans le catalogue. Vous imaginerez
le nom de l'objet et vous donnerez des précisions sur sa forme, sa couleur, sa fonction.**

Exemple : ➜ *GONFLEUR : casserole de camping. C'est une casserole gonflable en plastique
qu'on peut transporter facilement et qui est idéale pour le camping.*

1.

2.

3.

LA COMMANDE DE LIVRES

1

Complétez avec les mots suivants : *prix – disponible – commander – réduction – édition – commande – auteur.*

– Bonjour, monsieur.

– Bonjour, madame. Je voudrais .... le livre *Nouveaux Contes de Noël*.

– Qui est l' .... ?

– Je ne sais pas.

– Vous connaissez le nom de la maison d'..................................... ?

– C'est publié chez Hachette, je crois.

– Bien, je prends votre ...., le livre sera .... dans une semaine.

– Vous pouvez me dire quel est le .... du livre ?

– 15,90 €, la .... de 5 % est incluse.

LES COMMERCES, LES COMMERÇANTS

2

Dites où vous pouvez faire ces courses (Plusieurs réponses sont parfois possibles.)

Exemple : pour acheter des gâteaux ➜ à la pâtisserie, chez le pâtissier

1. pour acheter des tomates ....

2. pour acheter des médicaments ....

3. pour acheter des biftecks ....

4. pour acheter des tulipes ....

5. pour acheter des œufs ....

6. pour acheter des croissants ....

7. pour acheter des moules ....

3

Barrez l'intrus.

1. des oranges – des poires – des carottes – des bananes – des pommes – des fraises

2. du melon – des radis – du poulet – de la salade – des pommes de terre – des petits-pois

3. de la tomme – du cabillaud – du camembert – du lait – de la crème fraîche – du beurre

4

Corrigez les erreurs et retrouvez la forme correcte. (Plusieurs réponses sont parfois possibles.)

Exemple : une ~~tablette~~ de gâteau ➜ une part/un morceau de gâteau

1. un kilo d'huile ....

2. une botte de bonbons ....

3. un tube de beurre ....

4. un pot de jambon ....

5. un paquet de fromage ....

6. une boîte de radis ....

7. un morceau de mayonnaise ....

8. un litre de moutarde ....

9. une part de biscuits ....

DU CÔTÉ DE LA GRAMMAIRE

EXPRIMER DES QUANTITÉS

5

Précisez les quantités nécessaires pour six personnes puis pour douze personnes, comme dans l'exemple.

Exemple : Pour six personnes il faut 250 grammes de pâte brisée, mais pour douze personnes il en faut 500 grammes.

> ### Tarte aux abricots
> #### *Ingrédients pour 6 personnes*
>
> | | | | |
> |---|---|---|---|
> | • pâte brisée | (250 grammes) | • abricots | (12) |
> | • beurre | (50 grammes) | • sucre vanillé | (une cuillère à soupe) |
> | • œufs | (2) | • sucre | (75 grammes) |
> | • crème fraîche | (15 centilitres) | | |

....

....

....

....

....

....

....

....

....

....

....

6

Complétez les dialogues avec le pronom *en* et le verbe qui convient.

Exemple : — Vous avez des tomates ?
*➜ — Oui, nous **en** avons des belles aujourd'hui.*

Chez le marchand de fruits et légumes

1. – Il vous reste des poires ?

– Ah non ! Désolé, il ne .... plus. J'ai tout vendu.

2. – Vous me mettez aussi un kilo de pommes de terre, s'il vous plaît.

– Allez, je vous .... 3 kilos pour le prix de 2. Cadeau de la maison !

Dans un magasin de chaussures

3. – Vous avez des chaussures de sport pour enfant ?

– Oui bien sûr, on .... de différentes marques

4. – Je voudrais ces escarpins en 38, s'il vous plaît.

– Je regrette, madame, je ne .... plus dans cette pointure.

Dans le train

5. – Excusez-moi, il y a un wagon restaurant dans ce train ?

– Oui, il y .... un en milieu de train.

6. – Vous avez un billet ?

– Oui, je .... un, mais je ne sais pas où il est !

Chez le fleuriste

7. – Vous n'avez pas de tulipes ?

– Non, je regrette, nous ne .... pas en ce moment.

8. – Je voudrais des roses blanches.

– Oui, combien exactement ?

– Je .... une dizaine.

À l'école

9. – Il y a combien d'enfants dans chaque classe ?

– Il y .... trente, en moyenne.

10. – Vos enfants ont une tenue de sport ?

– Oui, ils .... une toute neuve.

DU CÔTÉ DE LA **COMMUNICATION**

FAIRE DES ACHATS

7

Pour chaque situation, cochez les formules correctes.

Vous êtes client dans un magasin.

1. Vous demandez un produit. Vous dites :

▪ **a.** Donnez-moi des pommes.

▪ **b.** Je voudrais des pommes.

▪ **c.** Prenez des pommes.

2. Vous demandez le prix d'un article. Vous dites :

▪ **a.** Quel est le prix de ce livre ?

▪ **b.** Ça fait combien ?

▪ **c.** Ça coûte combien ?

3. Vous demandez le total à payer. Vous dites :

▪ **a.** Ça fait combien ?

▪ **b.** Je vous dois combien ?

▪ **c.** Ça coûte combien ?

8

Complétez le dialogue avec les répliques suivantes.

Ce sera tout ?

Ça fait 9,10 €.

Combien en voulez-vous ?

Vous désirez autre chose ?

Désolé, je n'en ai plus du tout.

Vous désirez ?

Et avec ça ?

LE VENDEUR : ....

LA CLIENTE : Je voudrais des pommes, s'il vous plaît.

LE VENDEUR : ....

LA CLIENTE : J'en prends 1 kilo.

LE VENDEUR : ....

LA CLIENTE : Donnez-moi un melon bien mûr, s'il vous plaît.

LE VENDEUR : ....

LA CLIENTE : Bon, alors je prendrai trois pamplemousses.

LE VENDEUR : ....

LA CLIENTE : Oui, donnez-moi aussi 1 kilo de tomates.

LE VENDEUR : ....

LA CLIENTE : Oui, je vous dois combien ?

LE VENDEUR : ....

EN SITUATION

S'EXPRIMER – ÉCRIT ✐

SCÉNARIO

9

Sur une feuille séparée, écrivez un extrait de scénario de film à l'aide des informations suivantes.

La scène se passe sur un marché, au stand d'un fleuriste. Un jeune homme désire acheter un bouquet de fleurs : il aime bien les roses rouges mais c'est la fin du marché et le fleuriste a déjà tout vendu. Alors, il lui propose de belles roses blanches ; le jeune homme demande le prix et, finalement, il repart avec douze roses blanches (payées par chèque).

LE FLEURISTE : ...

LE JEUNE HOMME : ...

LES SORTIES ET SPECTACLES

1

Trouvez des mots appartenant au thème des sorties.

Sorties : *cinéma,* ....

....

2

Lisez ces commentaires et dites à quel type de spectacle ces personnes ont assisté.

1. Moi, c'est le numéro avec les tigres que j'ai préféré !

....

2. J'ai trouvé les comédiens sublimes ! La salle a applaudi pendant dix minutes !

....

3. C'est excellent ! Je comprends pourquoi il a eu un Oscar. En plus, il fait partie de la sélection du Festival de Cannes !

....

4. Ah ! Le type qui joue du saxo en solo est génial !

....

5. Oui, pas mal, mais finalement je n'ai pas beaucoup ri, c'est un peu répétitif les sketches.

....

6. Je vous conseille d'aller écouter ce pianiste et ce violoncelliste. Quel talent !

....

LE REGISTRE FAMILIER

3

a) Complétez les dialogues avec les mots suivants : *crevé – boulot – terrible – sympa – marrant.*

1. – Allez, on va au ciné ce soir ?

– Oh ! T'es pas ...., tu sais que j'ai du .... !

2. – Tu as aimé la pièce ?

– Bof, pas .... !

3. – Trois heures de spectacle ! Je suis ...., je rentre me coucher !

4. – Qu'est-ce qu'on choisit comme film ?

– Plutôt quelque chose de ...., je n'ai pas envie de pleurer !

b) Reformulez les réponses. Utilisez des synonymes.

1. ....

2. ....

3. ....

4. ....

DU CÔTÉ DE LA **GRAMMAIRE**

NE... QUE

4

Reformulez les phrases en utilisant *ne... que*.

Exemple : On donne ce spectacle seulement à Paris. → *On **ne** donne ce spectacle **qu'**à Paris.*

1. J'ai vu deux films dans l'année. ....

2. Tu as réservé pour deux personnes ! ....

3. Vous avez assisté à un seul festival ! ....

4. Nous aimons la musique techno. ....

5. Ils sont allés une seule fois à l'Opéra. ....

6. Elle aime les comédies. ....

NE... QUE, NE... PLUS

5

Sophie veut faire une tarte mais elle n'a pas tous les ingrédients ou les quantités nécessaires. Expliquez son problème.

Exemple : 200 grammes de farine (100 grammes)
→ *Elle n'a que 100 grammes de farine./Il n'y a que 100 grammes de farine./Il ne reste que 100 grammes de farine.*

....

....

....

....

....

Tarte au fromage	
200 gr de farine	(100 gr)
1 cuillerée à café de sel	
100 gr de parmesan	(0 gr)
50 gr de gruyère râpé	
125 gr de beurre	(75 gr)
2 œufs	(1)
1 tasse de lait	(0)

DU CÔTÉ DE LA **COMMUNICATION**

CHOISIR UN SPECTACLE

6

Observez cette affiche de spectacle et complétez le dialogue.

ELLE : Qu'est-ce qu'on donne en ce moment au théâtre des Nouveautés ?

LUI : ....

ELLE : Ah ! C'est peut-être pas mal ! C'est avec qui ?

LUI : ....
    Tu les connais ?

ELLE : Oh oui ! Ils sont .... !

LUI : Alors on peut y aller dimanche prochain ?

ELLE : .... Mais c'est à quelle heure exactement ?

LUI : ....

ELLE : D'accord, je téléphone tout de suite pour réserver.

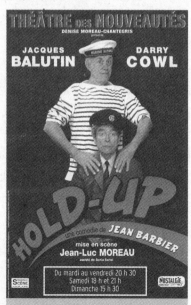

COMPRENDRE – ÉCRIT ⊚

CALCUL

7

Un enfant a fait les trois problèmes de mathématiques suivants. Corrigez les résultats donnés si nécessaire.

Fort ou faible en maths ?

1. – Tu as 12 bonbons. Tu en as mangé 9. Combien est-ce que tu en as maintenant ?
   – Je n'en ai que trois.

   ....

2. – Il te faut une demi-douzaine d'œufs pour faire une omelette et tu en as 7. Est-ce que tu as assez d'œufs pour faire ton omelette ?
   – Non, je n'en ai pas assez.

   ....

3. – Tu as 3 billets de 5 €, 2 pièces de 2 € et une pièce de 1 €. Tu as acheté 4 places de cinéma à 5 € la place. Est-ce que tu as encore de l'argent ?
   – Oui, j'ai encore 1 euro.

   ....

S'EXPRIMER – ÉCRIT ✐

CALCUL (SUITE)

8

À votre tour, imaginez un problème de mathématiques à l'aide du plan suivant. (Vous pourrez le poser à la classe !) Écrivez la solution.

La situation de départ ....
....

Le problème rencontré ....
....

La question posée ....
....

La solution ....
....

LA CARACTÉRISATION POSITIVE OU NÉGATIVE

1

Complétez les appréciations avec les mots suivants. Faites les accords nécessaires.

varié – génial – sans originalité – délicieux – nouveau – copieux – banal – petit – désagréable – chaleureux

Dans le livre d'or du restaurant

1. Bravo ! La cuisine est .... et le personnel très .... !

2. Non, je ne reviendrai plus ici ! L'ambiance est .... et la cuisine est .... !

3. Félicitations pour vos menus à .... prix ! La cuisine est très ...., c'est bien pour les gros appétits.

4. Bravo pour votre restaurant qui ne ressemble pas aux autres ! Le décor est ...., les plats très .... : tout le monde peut choisir selon ses goûts.

5. Votre .... carte est formidable, mais je trouve la décoration de la salle un peu .... Dommage !

LE RESTAURANT

2

Rétablissez la logique dans cette critique de restaurant : mettez les mots soulignés à la bonne place.

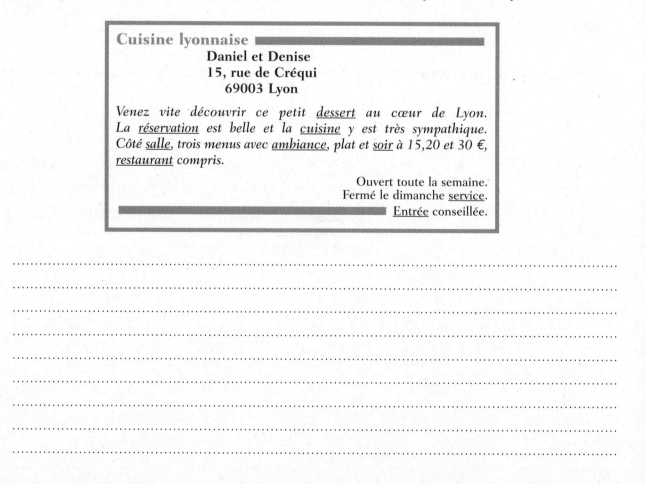

Cuisine lyonnaise ▬▬▬▬▬▬▬▬▬▬▬▬

Daniel et Denise
15, rue de Créqui
69003 Lyon

Venez vite découvrir ce petit <u>dessert</u> au cœur de Lyon. La <u>réservation</u> est belle et la <u>cuisine</u> y est très sympathique. Côté <u>salle</u>, trois menus avec <u>ambiance</u>, plat et <u>soir</u> à 15,20 et 30 €, <u>restaurant</u> compris.

Ouvert toute la semaine.
Fermé le dimanche <u>service</u>.
<u>Entrée</u> conseillée.

....
....
....
....
....
....
....
....
....

LA PLACE DE L'ADJECTIF

3

Mettez les adjectifs suivants à la place qui convient : *petit – nouveau – varié – petit – simple – grand – beau*.
(Plusieurs réponses sont parfois possibles.) Faites les accords nécessaires.

🍲 À DÉCOUVRIR 🍷🍾

Ce .... restaurant .... de quartier vient

de changer : il a un .... propriétaire ....

Le chef vous propose une .... cuisine

à .... prix ....

Vous apprécierez aussi le .... décor .... mais

de bon goût, et les vins de .... qualité ....

Félicitations pour cette .... réussite .... !

4

Caractérisez ces différents types de cuisine à l'aide des adjectifs suivants : *grand(e) – copieux/copieuse –
savoureux/savoureuse – facile – génial(e) – varié(e) – délicieux/délicieuse – simple – bon(ne)*.
Attention à leur place ! (Plusieurs réponses parfois possibles.)

1. une recette pour débutants   une ....

2. un plat qui a très bon goût   un ....

3. la cuisine d'un chef   une ....

DU CÔTÉ DE LA **COMMUNICATION**

COMMANDER AU RESTAURANT

5

Qui parle : le serveur ou le client ? Cochez la bonne réponse.

	Le serveur	Le client
1. Nous n'avons plus de tarte.	☐	☐
2. Nous allons prendre deux menus.	☐	☐
3. Ça a été ?	☐	☐
4. Deux cafés et l'addition, s'il vous plaît !	☐	☐
5. Je peux vous changer de table, si vous voulez.	☐	☐
6. Ce vin va très bien avec le poisson.	☐	☐
7. Vous désirez ?	☐	☐
8. Faites vite, je suis pressé !	☐	☐

6

Pour chaque situation, cochez la formule correcte.

1. La serveur prend la commande. Il dit :

    ☐ **a.** Et comme plat ?

    ☐ **b.** C'est comme ça ?

2. Le serveur conseille un plat. Il dit :

    ☐ **a.** C'est très bien, je le commande.

    ☐ **b.** C'est très bon, je vous le recommande.

3. Le serveur veut connaître l'appréciation des clients. Il dit :

    ☐ **a.** Il a plu ?

    ☐ **b.** Ça vous a plu ?

4. Le client commande un plat. Il dit :

    ☐ **a.** Je vais prendre un dessert.

    ☐ **b.** Je vais attendre un dessert.

EN SITUATION

COMPRENDRE – ÉCRIT ◉

SORTIE PARISIENNE

7

Vrai ou faux ? Lisez le document et cochez la bonne réponse.

DÉCOUVREZ PARIS AUTREMENT

BATEAUX O PARISIENS

DÎNEZ EN TÊTE À TÊTE SUR NOS BATEAUX MOUCHES DANS UNE AMBIANCE MUSICALE.
TARIFS SPÉCIAUX POUR LES GROUPES.

RÉSERVATIONS : 0142536475

1. Il s'agit d'une publicité pour une visite originale de Paris.   ☐ vrai   ☐ faux

2. On propose de dîner à la tour Eiffel.   ☐ vrai   ☐ faux

3. On peut venir à deux ou à plusieurs.   ☐ vrai   ☐ faux

4. On propose aussi un spectacle musical.   ☐ vrai   ☐ faux

S'EXPRIMER – ÉCRIT ✎

SORTIE PARISIENNE (SUITE)

8

Vous êtes journaliste étranger à Paris. Vous venez de passer une soirée sur un des bateaux parisiens présentés dans la publicité. Sur une feuille séparée, écrivez un petit texte pour votre journal. Racontez la soirée : Quand ? Avec qui ? Où ? Donnez vos appréciations sur le décor, l'ambiance, la cuisine, le personnel, les prix.

DU CÔTÉ DU LEXIQUE

LA VILLE ET LA CAMPAGNE

1

Classez ces noms et expressions dans les deux catégories ci-dessous.

le stress – la pollution – la verdure – le béton – la nature – le jardinage – le métro – les promenades – le bruit – les files d'attente – les immeubles – le village – les distractions – le calme – l'espace – les embouteillages – la vie culturelle – le bon air – les maisons individuelles

La vie en ville : ....
....
....

La vie à la campagne : ....
....
....

DU CÔTÉ DE LA GRAMMAIRE

L'IMPARFAIT

2

Mettez les verbes entre parenthèses à l'imparfait.

Quand je .... (être) petit, peu de gens .... (avoir) une voiture : en général,

on .... (partir) en vacances en train. Nous, nous .... (passer) juillet et août

au même endroit parce que nos grands-parents .... (avoir) une petite maison au bord de la mer et

nous .... (aller) chez eux chaque année. Le 1er juillet, papa nous .... (accompagner)

à la gare et nous .... (prendre) le train avec maman et mon frère pour la Bretagne.

Ce .... (être) une époque merveilleuse !

3

a) Mettez les verbes entre parenthèses à l'imparfait.

LE JOURNALISTE : Clara, où est-ce que vous .... (habiter) quand

vous .... (être) petite ?

CLARA : Je .... (vivre) à Strasbourg avec mes parents et ma petite sœur.

LE JOURNALISTE : Vous .... (être) une enfant facile ?

CLARA : Pas du tout ! Au contraire, je .... (être) très agitée et très indisciplinée ; mes parents

.... (avoir) beaucoup de mal avec moi et puis, avec ma sœur, on .... (crier)

tout le temps. Il y .... (avoir) une ambiance explosive à la maison !

LE JOURNALISTE : Quelles .... (être) vos activités préférées ?

CLARA : Moi, je .... (faire) du foot avec les garçons et ma sœur, elle .... (jouer)

avec sa poupée. Nous .... (avoir) des caractères vraiment différents !

LE JOURNALISTE : Et physiquement, comment .... (être)-vous ?

CLARA : Je .... (être) mince, assez petite et je .... (avoir) les cheveux blonds et longs, une vraie petite fille modèle !

LE JOURNALISTE : Et qu'est-ce que vous .... (vouloir) faire plus tard comme métier ?

CLARA : Je .... (vouloir) devenir chauffeur de camion ou garagiste !

b) Répondez personnellement aux cinq questions du journaliste.

1. *Quand j'étais petit(e), je* ....

2. ....

3. ....

4. ....

5. ....

LA COMPARAISON

4

Complétez les textes avec : *plus – moins – plus de – moins de – mieux – meilleur(e).*

Tout change !

L'alimentation

À présent, nous avons une alimentation de .... qualité que dans les années 1950 : nous mangeons .... produits gras, ... sucre mais .... légumes et .... fruits. Grâce au réfrigérateur, tout est .... conservé !

Les conditions de travail

Aujourd'hui, nous sommes .... payés, nous travaillons .... heures dans la semaine et nous avons .... loisirs : nos conditions de vie sont vraiment .... !

La famille

Il y a .... familles classiques, mais .... familles recomposées, ... mariages mais .... divorces. Les adolescents sont .... indépendants et .... indisciplinés qu'avant. De leur côté, les parents sont .... sévères et .... exigeants. Enfin, les grands-parents paraissent .... jeunes et sont .... dynamiques qu'il y a trente ans.

DU CÔTÉ DE LA **COMMUNICATION**

ÉVOQUER DES SOUVENIRS

5

Reconstituez les deux conversations à l'aide des répliques suivantes.

...... **a.** – Je cherche le nom de ce petit village sympa où on allait souvent quand on faisait du camping en Bretagne...

...... **b.** – Oh, l'histoire se passait en Virginie au siècle dernier, pendant la guerre entre les sudistes et les nordistes...

...... **c.** – Non, à côté, tu sais il y avait une petite place au centre du village...

...... **d.** – Tu te souviens de ce film, un classique américain avec Clark Gable ?

...... **e.** – Là où on allait acheter le pain et la viande ?

..... **f.** – Oui, avec Clark Gable et Vivien Leigh... Le titre du film est assez long...

..... **g.** – Oui, exactement, et le nom du village commençait par Gui...

..... **h.** – Ploumarec, peut-être ?

..... **i.** – Ah oui, *Autant en emporte le vent* !

..... **j.** – Guilvinec ?

..... **k.** – Ah oui ! C'est ça !

..... **l.** – Quel film ?

..... **m.** – Ah oui ! Ce film avec Vivien Leigh, cette belle actrice qui portait des robes longues superbes.

..... **n.** – Guilvinec, bien sûr !

EN SITUATION

COMPRENDRE – ÉCRIT ◉

SOUVENIRS D'ENFANCE

6

Vrai ou faux ? Lisez cet extrait de la rubrique « Rétroviseur » du magazine *Auto moto rétro* et répondez.

RÉTROVISEUR

Interview d'Ysabelle Lachant, écrivaine, à propos de son dernier roman

Le visage d'Ysabelle Lachant s'illumine quand elle explique le rapport qu'il y a entre mots et mouvement : « Mes meilleurs moments d'inspiration, ils me sont venus dans une voiture. Le problème n'est pas d'écrire mais d'oublier le monde. À partir du moment où l'on est sur une autre planète, l'écriture vient ! » Son premier souvenir de voiture ? La berline[1] de son père, lui aussi écrivain : « C'était une Frégate. Un énorme éléphant – beige en vérité – mais je la voyais rose ! Elle nous transportait, mes demi-sœurs et moi, dans notre maison du sud de la France pour les vacances. Cette Frégate était donc synonyme de voyage, mais aussi de ma place dans notre famille recomposée. J'y étais bien... Très spacieuse, elle datait du début des années 1960, ses rondeurs étaient confortables ! Mon père la conduisait avec des gants en cuir. Ce souvenir m'habite toujours.

1. *Berline :* grande voiture familiale.

---

1. Ysabelle Lachant parle de sa vie actuelle dans son dernier roman.   ▨ vrai   ▨ faux

2. Ysabelle Lachant se souvient d'une voiture qui appartenait à son père.   ▨ vrai   ▨ faux

3. La voiture était petite et de couleur rose.   ▨ vrai   ▨ faux

4. Ysabelle Lachant a eu une enfance heureuse dans une famille recomposée.   ▨ vrai   ▨ faux

S'EXPRIMER – ÉCRIT ✐

SOUVENIRS D'ENFANCE (SUITE)

7

À votre tour, vous témoignez dans la rubrique « Rétroviseur ». Sur une feuille séparée, vous évoquez le souvenir de votre voiture ou d'une autre, précisez ses caractéristiques (marque, couleur, etc.), son usage, sa fonction (déplacement pour travail, vacances, etc.), pourquoi elle était importante pour vous.

DU CÔTÉ DU **LEXIQUE**

LE MOBILIER ET LES PIÈCES DE LA MAISON

1

Trouvez les noms de meubles ou équipements et complétez la grille.

Horizontalement

a. pour manger – pour dormir

c. pour s'asseoir

Verticalement

1. pour les loisirs

3. pour le travail

7. pour le confort d'une personne

10. pour le confort de plusieurs personnes

	1	2	3	4	5	6	7	8	9	10
a	T									
b										
c										
d										
e										
f										
g										
h										
i										
j										

2

Dites dans quelle pièce ou partie de la maison vous pouvez entendre les répliques suivantes. (Plusieurs réponses sont parfois possibles.)

1. Oh non ! Qui a cassé le lavabo ? ....

2. Il fait un peu froid, on rentre à l'intérieur ? ....

3. C'est pas possible ! Le réfrigérateur est vide ! ....

4. Un peu de vin avec le fromage ? ....

5. Occupé ! ....

6. Donne-moi ton tee-shirt sale, il y a encore de la place dans la machine à laver. ....

7. Allez, pose ton livre, c'est l'heure de dormir. Bonne nuit, mon chéri ! ....

8. Oh ! Il y a des méls pour toi, viens voir ! ....

DU CÔTÉ DE LA **GRAMMAIRE**

LES EXPRESSION TEMPORELLES *IL Y A, DEPUIS*

3

Complétez les messages suivants avec *il y a* ou *depuis*.

Des clients satisfaits

1. Moi, je suis cliente chez Mobiprix .... sa création !

2. J'ai acheté tous mes meubles chez Mobiprix .... trois semaines et je suis ravie !

3. Mobiprix fait des promotions exceptionnelles .... lundi !

4. Mobiprix est le n° 1 du meuble .... cinq ans !

5. La chaîne des magasins Mobiprix a ouvert un nouveau magasin dans la région .... deux mois.

6. Moi, j'ai découvert les magasins Mobiprix .... deux jours, et je dis : Bravo pour les prix !

4

Complétez le mél suivant avec *il y a* ou *depuis*.

De : leroux@wanadoo.fr

À : electro@mag.fr

Objet : réclamation

Madame, monsieur,
Je viens régulièrement dans votre magasin pour mes achats d'électroménager ....
plusieurs années et .... une semaine, j'ai choisi un réfrigérateur à 320 € dans votre
magasin de Nice. Mais .... deux jours, j'ai vu le même modèle dans un autre
magasin, à 10 % moins cher ! Donc, je vous demande…

IMPARFAIT, PASSÉ COMPOSÉ, PRÉSENT

5

Complétez ces témoignages : mettez les verbes entre parenthèses au temps qui convient.

1. Avant, je .... (adorer) le mobilier ancien mais un jour, j'en .... (avoir)
   assez et je .... (décider) de tout changer. À présent, je .... (avoir)
   des meubles ultramodernes !

2. Maintenant je .... (travailler) chez moi et tout .... (aller) bien,
   mais l'année dernière, je .... (devoir) faire 100 km par jour pour aller au bureau.
   Je .... (être) épuisée ! Heureusement, on me .... (proposer) ce travail
   à domicile et cela .... (changer) ma vie !

3. Il y a deux ans encore, nous .... (habiter) à Paris et notre fils .... (être)
   toujours malade à cause de la pollution. Quand mon mari .... (obtenir) un poste en province,
   nous .... (quitter) la région parisienne. À présent nous .... (être)
   installés près de Grenoble, et on .... (respirer) l'air pur !

4. Depuis mon divorce, je .... (vivre) seule, mais mon fils me .... (offrir)
   un petit chien et ma vie .... (se transformer) : grâce à lui, je ne
   .... (être) plus déprimée.

DU CÔTÉ DE LA COMMUNICATION

RACONTER UN CHANGEMENT

6

a) Classez les éléments suivants du témoignage d'un ex-fumeur dans les trois catégories ci-dessous.

a. Je (ne plus avoir) envie de fumer.

b. Il me (indiquer) une nouvelle méthode pour arrêter.

c. Mais je (ne pas arriver) à arrêter de fumer.

d. Et je (être) heureux !

e. Je (essayer) et je (réussir).

f. Je (fumer) deux paquets par jour.

g. Je (aller) voir le docteur Morand.

h. Je (ne pas se sentir) bien.

1. La situation avant : ....

2. Les actions/événements qui sont à l'origine du changement : ....

3. La situation actuelle : ....

b) Rédigez le témoignage et conjuguez les verbes entre parenthèses au présent, à l'imparfait ou au passé composé, selon l'information donnée.

En 2003, ...

....

....

Mais un jour, ...

....

....

Maintenant, ...

....

....

EN SITUATION

S'EXPRIMER – ÉCRIT ✐

AVANT, MAINTENANT

7

Voici un extrait d'une page de magazine féminin. Chaque mois une lectrice témoigne personnellement des miracles du « relooking total ». Écrivez son témoignage sur une feuille séparée. Décrivez la situation et le physique avant ; évoquez les transformations opérées, puis décrivez la situation maintenant.

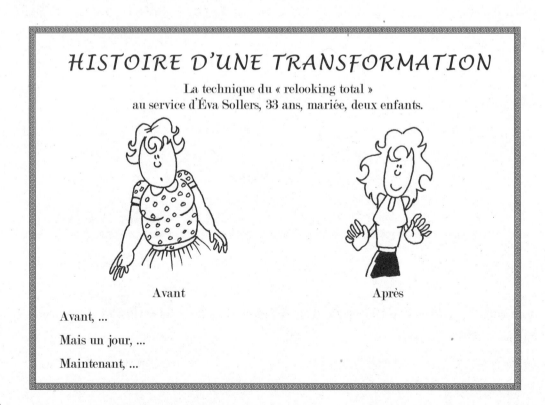

HISTOIRE D'UNE TRANSFORMATION

La technique du « relooking total »
au service d'Éva Sollers, 33 ans, mariée, deux enfants.

Avant   Après

Avant, ...

Mais un jour, ...

Maintenant, ...

DU CÔTÉ DU LEXIQUE

LE LOGEMENT

1

Complétez le mél avec les mots suivants.

loyer – quartier – étage – immeuble – cuisine – appartement – ascenseur – chauffage – louer – charges – refait – trois pièces – salle de bains

---

✉ Envoyer maintenant   ▦ 📑 🔗 ▾ 🗑 ✎ ✒ ▾ 🖼 Options ▾ 🔄 🎞 Insérer ▾ 🗒 Catégories ▾

De :   immo.centre.com

À :   colino@aol.com

Cc :

Objet : recherche d'appartement

ab̃c Police ▾   Taille ▾   G   I   S   T   ▤ ▤ ▤ ▤   ⅓ ⅓ ⅓   ↤ ↦   ᴬA ▌ ▾ ◆ ▾ —

Madame,

En réponse à votre demande d'appartement à ...., je peux vous proposer un

.... dans un .... ancien qui se trouve dans un

.... très calme.

Le .... est de 700 € .... comprises. Le ....

est situé au 4ᵉ .... avec .... Il a été ....

à neuf, et comprend une .... équipée et une belle ....

Il y a un .... électrique.

Si vous êtes intéressée, téléphonez-moi et vous pourrez le visiter.
Avec mes salutations distinguées.

Vincent Garbet
Directeur de l'agence Immo-centre

2

À l'aide des réactions des visiteurs, caractérisez les appartements avec les expressions suivantes.

clair – meublé – orienté au nord – petit – sombre – rénové – bruyant – en mauvais état – calme

Exemple : Alors, le soleil ne rentre jamais ! ➜ L'appartement est orienté au nord.

1. Mais, on ne voit rien ! L'appartement est ....

2. Quel silence ! L'appartement est ....

3. Mais tout est à refaire ! L'appartement est ....

4. Même avec les fenêtres fermées, on ne s'entend pas ! L'appartement est ....

5. Il y a tout dedans : chaises, lits, tables, rangements ! L'appartement est ....

6. Il n'y a vraiment pas beaucoup de place ! L'appartement est ....

7. Quelle lumière ! L'appartement est ....

8. Quelle bonne surprise ! Je croyais que l'appartement était à refaire ! L'appartement est ....

LES PRONOMS COMPLÉMENTS D'OBJET DIRECT ET INDIRECT

3

Reformulez chaque phrase comme dans l'exemple. Utilisez les pronoms COD *le, la, l', les* ou les pronoms COI *lui, leur.*

Exemple : Moi, je fais d'abord visiter l'appartement <u>au candidat</u>. ➜ *Moi, je **lui** fais d'abord visiter l'appartement.*

> ◀ Précédente ▶ Suivante ✕ Arrêter ↻ Actualiser 🏠 Démarrage ✎ Remplissage automatique 🖨 Imprimer ✉ Courrier
>
> Adresse @ www.colocataire.com ▶
>
> @ Page d'accueil @ Apple @ Assistance Apple @ Apple Store @ .Mac @ Mac OS X @ Microsoft France MacTopia @ Office pour Macintosh @ MSN
>
> visite guidée 🔵 ✉ messagerie aide à la connexion ACCES▶ 🔵
>
> Magazine   Services et Assistances   Produits   Recherche [   ] OK
>
> **COMMENT SÉLECTIONNEZ-VOUS VOTRE COLOCATAIRE ?**
>
> Favoris | Historique | Recherche | Album | Garde-pages
>
> **1.** Moi, j'interroge <u>le candidat</u> par téléphone, sur ses goûts musicaux et ses habitudes de ménage.
> ....
>
> **2.** Moi, si j'ai trois candidats, je donne rendez-vous <u>aux trois personnes</u> en même temps.
> ....
>
> **3.** Nous, nous proposons <u>au candidat</u> de passer quelques jours dans l'appartement.
> ....
>
> **4.** Moi, je fais remplir un questionnaire <u>au candidat</u> ou <u>à la candidate</u>.
> ....
>
> **5.** Nous, on observe bien <u>le candidat</u> et on laisse parler <u>cette personne</u>.
> ....
>
> **6.** Moi, je pose des questions <u>à la personne</u> sur ses qualités et ses défauts.
> ....
>
> **7.** Quand on hésite entre deux candidats, on invite <u>les deux personnes</u> à prendre l'apéritif avec nous.
> ....

4

Complétez avec les pronoms COD ou COI qui conviennent.

Relations internationales

1. J'ai une amie française, elle s'appelle Charlotte. Je .... connais depuis longtemps. Je .... téléphone

souvent et je .... écris une ou deux fois par an. Quand je vais en France, je .... vois avec plaisir,

je .... donne rendez-vous dans un café ou je .... invite au restaurant.

2. Cher Diego,

Je suis aux États-Unis depuis deux mois. J'habite chez des amis de mes parents, M. et Mme Douglas. Ils .... ont

proposé de vivre avec eux, et je .... rends quelques petits services en échange. Ils sont très gentils,

je .... adore ! Mes parents .... connaissent bien et ils vont .... accueillir dans notre maison

de Normandie pendant les prochaines vacances. Je te .... présenterai à cette occasion.

Je .... embrasse.

Marion

S'INFORMER SUR UN LOGEMENT

5

Complétez le dialogue téléphonique suivant à l'aide des informations communiquées dans la petite annonce.

> **Réf. L0911327.** LYON 1er arrondissement Étudiante recherche colocataire fille ou garçon (non fumeur) pour partager T3 70 m^2 – 2 chambres – Sdb, wc – 4e ét. sans ascenseur. Loyer : 450 € CC. Tél. : 04 74 00 19 20

– Allô ! Bonjour, une amie m'a donné votre numéro de téléphone.
Je sais que vous recherchez une colocataire, et je suis intéressée.
L'appartement se trouve bien dans Lyon ?

– ....

– Quel loyer demandez-vous ?

– ....

– L'appartement est grand ?

– ....

– Il se trouve à quel étage ?

– ....

– Bien, je peux venir le visiter ?
– Oui, mais j'ai une question à vous poser : .... ?

– ....

– Très bien ! Alors vous pouvez venir demain après-midi si vous voulez.

EN SITUATION

S'EXPRIMER – ÉCRIT

COLOCATAIRES

6

a) Lisez la petite annonce suivante.

> **COLOCATION**
>
> Benoît, Grégory, Clément
>
> n° H058046
>
> Ville : Montpellier
>
> Rue : Felix-Satut
>
> Loyer : 270 € par mois
>
> Disponible fin septembre
>
> Infos perso : Benoît, 20 ans, étudiant non fumeur
>
> Grégory, 25 ans, salarié, non fumeur
>
> Clément, 21 ans, étudiant, non fumeur
>
> Nous sommes trois copains qui s'entendent bien et nous recherchons un 4e colocataire pour partager notre grand 5-pièces. Alors, fille ou garçon, non fumeur, on attend votre candidature ! Animal (chat ou petit chien) accepté.

b) Vous avez été choisi(e) pour être le/la quatrième colocataire. Vous venez de vous installer dans l'appartement. Vous écrivez sur une feuille séparée une lettre à un(e) ami(e) pour lui parler de vos nouvelles conditions de logement.
– Vous donnez des précisions sur les caractéristiques de l'appartement, de votre chambre.
– Vous parlez de vos relations avec les trois autres colocataires.
– Vous invitez votre ami(e) à venir vous voir.

DU CÔTÉ DU LEXIQUE

RÈGLES ET RÈGLEMENTS

1

Complétez l'extrait du règlement de la piscine à l'aide des mots suivants.

admis – défense – recommandé – interdiction – interdit(e)(s)

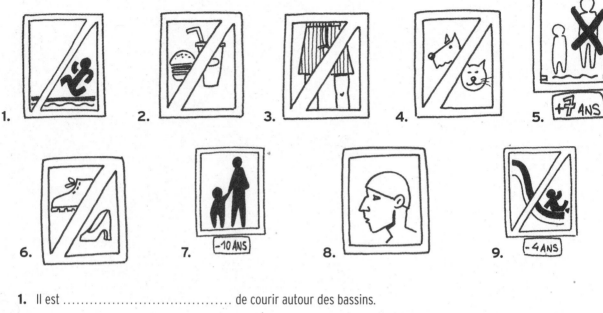

1. Il est .... de courir autour des bassins.

2. .... de manger dans la piscine.

3. Les caleçons de bain sont ...., seuls les maillots sont autorisés.

4. Les animaux ne sont pas ...., ni à l'accueil ni autour des bassins.

5. Pataugeoire : .... aux enfants de plus de sept ans.

6. .... de marcher autour des bassins avec des chaussures.

7. Les enfants de moins de dix ans sont .... dans la piscine s'ils sont accompagnés par un adulte.

8. Il est .... de porter un bonnet de bain, pour des raisons d'hygiène.

9. Les toboggans sont .... aux enfants de moins de quatre ans.

DU CÔTÉ DE LA GRAMMAIRE

IL NE FAUT PAS/VOUS NE DEVEZ PAS... + INFINITIF

2

Reformulez les interdictions suivantes avec les structures de l'oral puis avec les structures de l'écrit.

Oral : *Il ne faut pas/Vous ne devez pas/Vous ne pouvez pas/On ne doit pas/C'est défendu de* + infinitif, impératif négatif.
Écrit : *Interdiction de/Défense de/Il est interdit de* + infinitif.

Pendant l'examen

1. ne pas utiliser les téléphones portables

....

....

2. ne pas consulter de documents

....

3. ne pas parler à son voisin

....

4. ne pas écrire sur les tables

....

5. ne pas sortir de la salle sans autorisation

....

....

6. ne pas rendre sa copie en retard

....

....

IL FAUT/ÉVITER DE + INFINITIF

3

Formulez des recommandations avec l'impératif, *il faut* + infinitif ou *éviter de* + infinitif.

se reposer – bien dormir – ne pas trop travailler – faire un peu de sport – aller au cinéma – se coucher tôt – ne pas trop manger – ne pas boire d'alcool – avoir confiance en soi

Quelques jours avant un examen

....

....

....

....

....

....

....

DU CÔTÉ DE LA COMMUNICATION

EXPRIMER DES INTERDICTIONS

4

Dites où vous pouvez voir les messages suivants.

1. Interdit aux moins de seize ans. ....

2. Reproduction interdite. ....

3. Pêche interdite. ....

4. Entrée interdite. ....

5. Défense de parler au conducteur. ....

6. Défense de déposer des ordures. ....

5

Associez les dessins aux messages d'interdiction.

Les interdictions dans la ville

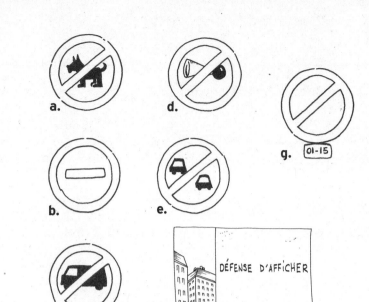

...... **1.** Défense d'afficher

...... **2.** Défense de stationner

...... **3.** Sens interdit

...... **4.** Interdiction de doubler

...... **5.** Les chiens ne sont pas admis

...... **6.** Interdit aux poids lourds

...... **7.** Il est défendu de klaxonner

FAIRE DES RECOMMANDATIONS

6

Complétez les mini-dialogues avec des recommandations.

Dans un restaurant

1. − Le lapin aux olives est bon ?

− Oui, mais il n'y en a plus. ....

2. − Je n'aime que le vin rouge.

− Alors, ...

3. − Je ne peux pas manger n'importe quoi, je suis au régime !

− Alors, ...

Chez le médecin

4. − J'ai beaucoup de travail et je dors mal en ce moment.

− ....

5. − Je peux recommencer à faire du sport ?

− Non, ...

6. − J'ai pris trois kilos en une semaine !

− ....

Dans la classe

7. − Cet exercice est difficile, je n'arrive pas à le faire.

− Alors, ...

8. − Je ne comprends pas ce mot.

− ....

9. − Pouvez-vous répéter, s'il vous plaît ?

− Oui, mais ....

COMPRENDRE – ÉCRIT ◉

CONSEILS UTILES

7

Notez en face de ces recommandations s'il s'agit de bons conseils ou de mauvais conseils. Justifiez vos réponses.

Guide pour bien apprendre le français

1. Il faut prendre des notes pendant le cours. ....
....

2. Quand vous écoutez un dialogue, lisez la transcription en même temps. ....
....

3. N'hésitez pas à poser des questions à votre professeur. ....
....

4. Évitez de consulter systématiquement votre dictionnaire. ....
....

5. Exprimez-vous seulement quand vous êtes certain(e) de ne pas faire d'erreurs. ....
....

6. Acceptez de ne pas comprendre chaque mot. ....
....

7. Apprenez toutes les conjugaisons par cœur. ....
....

8. Ne parlez pas avec votre voisin pendant le cours. ....
....

9. Il faut traduire tous les textes que vous travaillez en classe. ....
....

10. Prenez conscience de vos manières d'apprendre. ....
....

S'EXPRIMER – ÉCRIT ✎

CONSEILS UTILES (SUITE)

8

Sur une feuille séparée, formulez vos propres conseils pour bien apprendre, comprendre, parler, écrire le français.

PORTFOLIO

	À L'ORAL		À L'ÉCRIT	
	Acquis	En cours d'acquisition	Acquis	En cours d'acquisition

FENÊTRE SUR... (A1)

Je peux comprendre

	Acquis	En cours d'acquisition	Acquis	En cours d'acquisition
– quand quelqu'un se présente (nom, prénom, nationalité)	☐	☐	☐	☐
– quand quelqu'un me demande mon nom	☐	☐	☐	☐
– quand quelqu'un me demande mon prénom	☐	☐	☐	☐
– quand quelqu'un me demande ma langue	☐	☐	☐	☐
– quand quelqu'un me demande ma nationalité	☐	☐	☐	☐
– quand quelqu'un indique un nombre	☐	☐	☐	☐

Je peux m'exprimer et interagir

	Acquis	En cours d'acquisition	Acquis	En cours d'acquisition
– me présenter	☐	☐	☐	☐
– épeler mon prénom	☐	☐	☐	☐
– noter mon prénom	☐	☐	☐	☐
– faire connaissance	☐	☐	☐	☐
– indiquer ma langue	☐	☐	☐	☐
– dire ma nationalité	☐	☐	☐	☐
– dire un nombre	☐	☐	☐	☐
– noter un nombre	☐	☐	☐	☐
– interagir en classe	☐	☐	☐	☐

DOSSIER 1 (A1)

Je peux comprendre

	Acquis	En cours d'acquisition	Acquis	En cours d'acquisition
– quand quelqu'un se présente (identité, âge, activités)	☐	☐	☐	☐
– quand quelqu'un me demande mon identité	☐	☐	☐	☐
– quand quelqu'un me demande mon âge	☐	☐	☐	☐
– quand quelqu'un me pose des questions sur mes activités, mes études	☐	☐	☐	☐
– quand quelqu'un indique une heure, une date	☐	☐	☐	☐
– la relation entre des personnes, la situation d'échange	☐	☐	☐	☐
– l'appartenance	☐	☐	☐	☐
❉				
– un formulaire d'identité, un formulaire d'inscription	☐	☐	☐	☐
– des demandes d'informations simples	☐	☐	☐	☐
– des informations sur une carte de visite	☐	☐	☐	☐
– quand quelqu'un donne sa date de naissance, ses coordonnées	☐	☐	☐	☐
– quand quelqu'un me demande ma date de naissance	☐	☐	☐	☐
– quand quelqu'un me demande mon adresse	☐	☐	☐	☐
– quand quelqu'un me demande mon numéro de téléphone	☐	☐	☐	☐
– quand quelqu'un me demande mon adresse électronique	☐	☐	☐	☐
– quand quelqu'un indique un prix, une information chiffrée	☐	☐	☐	☐
❉				

	À L'ORAL		À L'ÉCRIT	
	Acquis	En cours d'acquisition	Acquis	En cours d'acquisition
– un échange simple sur un sujet familier	☐	☐	☐	☐
– quand quelqu'un indique sa profession	☐	☐	☐	☐
– quand quelqu'un indique son pays	☐	☐	☐	☐
– quand quelqu'un indique quels sont ses goûts, ses passions, ses rêves	☐	☐	☐	☐
– quand quelqu'un me demande ma profession	☐	☐	☐	☐
– quand quelqu'un me demande de quel pays je viens	☐	☐	☐	☐
– quand quelqu'un me demande mes goûts, mes passions, mes rêves	☐	☐	☐	☐
❄				
– des informations sur la France et l'Europe	☐	☐	☐	☐

Je peux m'exprimer et interagir

– saluer de façon formelle et informelle	☐	☐	☐	☐
– prendre congé	☐	☐	☐	☐
– dire mon âge	☐	☐	☐	☐
– indiquer mes activités générales, mes études	☐	☐	☐	☐
– indiquer l'heure juste, le moment de la journée	☐	☐	☐	☐
– indiquer les jours de la semaine	☐	☐	☐	☐
– identifier des personnes qui se présentent, leur relation	☐	☐	☐	☐
– indiquer le lieu de l'échange	☐	☐	☐	☐
– identifier la relation dans la situation d'échange	☐	☐	☐	☐
– indiquer le moment de l'échange	☐	☐	☐	☐
– indiquer en quelques mots mes relations, mes activités	☐	☐	☐	☐
– exprimer l'appartenance	☐	☐	☐	☐
❄				
– questionner de façon simple	☐	☐	☐	☐
– demander poliment	☐	☐	☐	☐
– indiquer le but d'un échange simple	☐	☐	☐	☐
– demander le prix de quelque chose	☐	☐	☐	☐
– indiquer ma date de naissance	☐	☐	☐	☐
– indiquer mon numéro de téléphone	☐	☐	☐	☐
– indiquer mon adresse	☐	☐	☐	☐
– nommer les mois de l'année	☐	☐	☐	☐
– formuler des opérations de calcul	☐	☐	☐	☐
– donner des informations chiffrées	☐	☐	☐	☐
– donner mon adresse électronique	☐	☐	☐	☐
– remplir un formulaire d'inscription	☐	☐	☐	☐
❄				
– identifier un court document écrit très courant (publicité, annonce, bulletin participation...)	☐	☐	☐	☐
– indiquer la fonction d'un document	☐	☐	☐	☐
– indiquer la profession de quelqu'un	☐	☐	☐	☐
– indiquer le pays de quelqu'un	☐	☐	☐	☐
– donner des informations personnelles	☐	☐	☐	☐
– exprimer une passion/un rêve	☐	☐	☐	☐
– indiquer mes goûts	☐	☐	☐	☐
	Acquis	En cours d'acquisition	Acquis	En cours d'acquisition

	À L'ORAL		À L'ÉCRIT	
	Acquis	En cours d'acquisition	Acquis	En cours d'acquisition

DOSSIER 2 (A1)

Je peux comprendre

	À L'ORAL		À L'ÉCRIT	
– un micro-trottoir sur un sujet familier	▣	▣	▣	▣
– quand quelqu'un parle de sa ville, de son quartier, d'un lieu dans la ville	▣	▣	▣	▣
– quand quelqu'un localise un lieu de façon simple	▣	▣	▣	▣
– quand quelqu'un explique pourquoi il aime ou il n'aime pas quelque chose	▣	▣	▣	▣
– quand quelqu'un parle d'une activité	▣	▣	▣	▣
– quand quelqu'un explique pourquoi il fait cette activité	▣	▣	▣	▣
– quand quelqu'un parle du moment d'une activité	▣	▣	▣	▣
– des légendes sur un plan	▣	▣	▣	▣
❄				
– une fiche descriptive simple sur un hébergement	▣	▣	▣	▣
– une demande de réservation d'hébergement (dates, horaires, équipements, conditions de réservation, tarifs…)	▣	▣	▣	▣
– un court échange téléphonique	▣	▣	▣	▣
❄				
– une correspondance amicale ou familiale	▣	▣	▣	▣
– qui est l'expéditeur, le destinataire d'un message écrit	▣	▣	▣	▣
– quel est le lieu de provenance d'un message écrit	▣	▣	▣	▣
– la relation entre les personnes dans un message écrit	▣	▣	▣	▣
– des informations simples sur un lieu	▣	▣	▣	▣
– des informations météo simples	▣	▣	▣	▣
– quand quelqu'un exprime des sentiments sur un lieu	▣	▣	▣	▣
– des messages courants sur un répondeur téléphonique	▣	▣	▣	▣
❄				
– des informations sur Paris	▣	▣	▣	▣

Je peux m'exprimer et interagir

	À L'ORAL		À L'ÉCRIT	
– nommer un lieu dans la ville	▣	▣	▣	▣
– localiser un lieu simplement	▣	▣	▣	▣
– parler de mes goûts et justifier en quelques mots	▣	▣	▣	▣
– informer sur une activité	▣	▣	▣	▣
– expliquer en quelques mots le but d'une activité	▣	▣	▣	▣
– expliquer le moment d'une activité	▣	▣	▣	▣
❄				
– remercier, réagir, m'exprimer avec politesse	▣	▣	▣	▣
– m'informer sur un hébergement	▣	▣	▣	▣
– donner des informations sur un hébergement	▣	▣	▣	▣
– justifier en quelques mots un choix d'hébergement	▣	▣	▣	▣
– indiquer de façon simple un itinéraire/une direction	▣	▣	▣	▣
– indiquer un déplacement	▣	▣	▣	▣
– dire ma préférence	▣	▣	▣	▣
❄				
– indiquer l'expéditeur d'un message écrit	▣	▣	▣	▣

	Acquis	En cours d'acquisition	Acquis	En cours d'acquisition

	À L'ORAL		À L'ÉCRIT	
	Acquis	**En cours d'acquisition**	**Acquis**	**En cours d'acquisition**
– indiquer le destinataire d'un message écrit	☐	☐	☐	☐
– indiquer le lieu cité dans le message	☐	☐	☐	☐
– dire simplement mes impressions, mes sentiments liés à un lieu	☐	☐	☐	☐
– donner de courtes informations sur un lieu	☐	☐	☐	☐
– donner des informations simples sur la météo	☐	☐	☐	☐
– indiquer le pays de provenance et de destination	☐	☐	☐	☐
– parler d'activités	☐	☐	☐	☐
– désigner quelque chose	☐	☐	☐	☐
– rédiger une carte postale amicale	☐	☐	☐	☐
– utiliser les formules de salutation dans la correspondance amicale ou familiale	☐	☐	☐	☐
– parler de mes vacances (lieux, activités, impressions ou sentiments)	☐	☐	☐	☐

DOSSIER 3 (A1)

Je peux comprendre

	À L'ORAL		À L'ÉCRIT	
– un court article de magazine écrit avec des mots simples	☐	☐	☐	☐
– une enquête sur un sujet de tous les jours	☐	☐	☐	☐
– un témoignage sur un sujet quotidien	☐	☐	☐	☐
– les résultats d'une enquête sur un sujet familier	☐	☐	☐	☐
– quand quelqu'un exprime ses goûts	☐	☐	☐	☐
– quand quelqu'un parle de sa profession	☐	☐	☐	☐
– quand quelqu'un parle de son mode de vie	☐	☐	☐	☐
❄				
– quand quelqu'un explique un déplacement lié aux loisirs	☐	☐	☐	☐
– quand quelqu'un parle de ses activités habituelles	☐	☐	☐	☐
– des annonces où des personnes se présentent	☐	☐	☐	☐
– quand quelqu'un se décrit physiquement	☐	☐	☐	☐
– quand quelqu'un parle de son caractère, de ses qualités, de ses défauts	☐	☐	☐	☐
– quand quelqu'un parle de ses centres d'intérêt	☐	☐	☐	☐
❄				
– une conversation téléphonique	☐	☐	☐	☐
– un message d'invitation	☐	☐	☐	☐
– une proposition de sortie	☐	☐	☐	☐
– quand quelqu'un accepte ou refuse une invitation	☐	☐	☐	☐
– quand quelqu'un s'excuse	☐	☐	☐	☐
– quand quelqu'un félicite	☐	☐	☐	☐
– quand quelqu'un propose une aide	☐	☐	☐	☐
– quand quelqu'un fixe un rendez-vous	☐	☐	☐	☐
– quand quelqu'un donne des instructions simples	☐	☐	☐	☐
❄				
– quand quelqu'un parle de ses activités sportives	☐	☐	☐	☐

	À L'ORAL		À L'ÉCRIT	
	Acquis	En cours d'acquisition	Acquis	En cours d'acquisition
Je peux m'exprimer et interagir				
– exprimer mes goûts	☐	☐	☐	☐
– expliquer mon mode de vie, ma profession	☐	☐	☐	☐
– indiquer un déplacement simple	☐	☐	☐	☐
– parler de mes activités sportives ou culturelles	☐	☐	☐	☐
– parler de mon animal	☐	☐	☐	☐
– comparer simplement les résultats d'un sondage (points communs, différences)	☐	☐	☐	☐
❄				
– caractériser une personne physiquement	☐	☐	☐	☐
– caractériser une personne psychologiquement	☐	☐	☐	☐
– parler de mes centres d'intérêt	☐	☐	☐	☐
– parler de mon caractère	☐	☐	☐	☐
– me décrire physiquement	☐	☐	☐	☐
– parler de mes qualités et de mes défauts	☐	☐	☐	☐
– parler d'un comportement	☐	☐	☐	☐
– rédiger une annonce de présentation de personne	☐	☐	☐	☐
❄				
– proposer une sortie	☐	☐	☐	☐
– accepter	☐	☐	☐	☐
– refuser	☐	☐	☐	☐
– fixer un rendez-vous (heure, date, lieu)	☐	☐	☐	☐
– exprimer la volonté/le désir	☐	☐	☐	☐
– exprimer la disponibilité	☐	☐	☐	☐
– exprimer l'obligation	☐	☐	☐	☐
– communiquer au téléphone	☐	☐	☐	☐
– discuter d'une activité	☐	☐	☐	☐
– féliciter simplement	☐	☐	☐	☐
– donner des instructions simples	☐	☐	☐	☐
❄				
– parler de mes activités sportives	☐	☐	☐	☐

DOSSIER 4 (A1)

Je peux comprendre

	À L'ORAL		À L'ÉCRIT	
– des écriteaux ou panneaux d'information dans les magasins et les lieux publics	☐	☐	☐	☐
– la différence entre l'heure officielle et l'heure informelle	☐	☐	☐	☐
– les horaires d'ouverture et de fermeture des lieux publics	☐	☐	☐	☐
– des échanges dans des lieux publics	☐	☐	☐	☐
– quand quelqu'un parle de ses habitudes quotidiennes	☐	☐	☐	☐
– quand quelqu'un indique un emploi du temps	☐	☐	☐	☐
– un programme de télévision	☐	☐	☐	☐
❄				

	À L'ORAL		À L'ÉCRIT	
	Acquis	En cours d'acquisition	Acquis	En cours d'acquisition
– quand quelqu'un parle de son emploi du temps	☐	☐	☐	☐
– quand quelqu'un indique un moment spécifique dans une journée	☐	☐	☐	☐
– quand quelqu'un exprime l'habitude, la régularité, la fréquence d'une action	☐	☐	☐	☐
– une page de journal intime	☐	☐	☐	☐
– quand quelqu'un rapporte les événements/faits ponctuels d'une journée passée	☐	☐	☐	☐
– la chronologie d'une histoire	☐	☐	☐	☐
❄				
– un questionnaire d'enquête sur un sujet familier	☐	☐	☐	☐
– quand quelqu'un parle des fêtes de son pays	☐	☐	☐	☐
– quand quelqu'un parle de ses projets immédiats	☐	☐	☐	☐
– quand quelqu'un parle de ses relations familiales directes	☐	☐	☐	☐
❄				
– quand quelqu'un parle des fêtes et des traditions françaises	☐	☐	☐	☐

Je peux m'exprimer et interagir

	À L'ORAL		À L'ÉCRIT	
	Acquis	En cours d'acquisition	Acquis	En cours d'acquisition
– demander/dire l'heure	☐	☐	☐	☐
– indiquer des horaires d'ouverture et de fermeture de lieux publics	☐	☐	☐	☐
– raconter/décrire une journée habituelle (actions)	☐	☐	☐	☐
– indiquer une succession d'actions	☐	☐	☐	☐
– exprimer une régularité de mes actions	☐	☐	☐	☐
– parler de mon activité quotidienne préférée	☐	☐	☐	☐
– parler des moments et des périodes de la journée	☐	☐	☐	☐
– exprimer mon opinion simplement sur des activités quotidiennes	☐	☐	☐	☐
– exprimer mes goûts en matière d'émissions télévisées	☐	☐	☐	☐
– écrire un bref article sur les habitudes des gens	☐	☐	☐	☐
❄				
– raconter une journée habituelle	☐	☐	☐	☐
– informer sur mon emploi du temps	☐	☐	☐	☐
– indiquer un moment spécifique	☐	☐	☐	☐
– comparer des rythmes de vie	☐	☐	☐	☐
– faire référence à des actions passées	☐	☐	☐	☐
– rapporter les événements/faits ponctuels d'une journée passée	☐	☐	☐	☐
❄				
– interroger quelqu'un	☐	☐	☐	☐
– informer sur/décrire une fête (actions, temps, lieu)	☐	☐	☐	☐
– situer un événement dans le temps (avant/pendant)	☐	☐	☐	☐
– rédiger un questionnaire simple	☐	☐	☐	☐
– parler de mes projets immédiats	☐	☐	☐	☐
– comparer simplement des situations ici et ailleurs	☐	☐	☐	☐
– rédiger un projet d'activité de façon simple	☐	☐	☐	☐

	À L'ORAL		À L'ÉCRIT	
	Acquis	En cours d'acquisition	Acquis	En cours d'acquisition

DOSSIER 5 (A1 → A2)

Je peux comprendre

	Acquis	En cours d'acquisition	Acquis	En cours d'acquisition
– des faire-part d'événements familiaux	☐	☐	☐	☐
– quand quelqu'un indique un lien de parenté	☐	☐	☐	☐
– quand quelqu'un réagit à un événement familial	☐	☐	☐	☐
– quand quelqu'un parle de sa famille	☐	☐	☐	☐
– quand quelqu'un demande/donne de ses nouvelles	☐	☐	☐	☐
– quand quelqu'un parle de sa santé	☐	☐	☐	☐
❋				
– quand quelqu'un interagit au téléphone	☐	☐	☐	☐
– quand quelqu'un parle de ses activités proches ou récentes	☐	☐	☐	☐
– la description d'un phénomène de société	☐	☐	☐	☐
– la formulation d'un pourcentage	☐	☐	☐	☐
– des données statistiques	☐	☐	☐	☐
❋				
– un court article sur la vie privée d'une personne	☐	☐	☐	☐
– une évocation de faits passés	☐	☐	☐	☐
– des informations simples sur la biographie de quelqu'un	☐	☐	☐	☐
– la description physique d'une personne	☐	☐	☐	☐
❋				
– une courte biographie	☐	☐	☐	☐

Je peux m'exprimer et interagir

	Acquis	En cours d'acquisition	Acquis	En cours d'acquisition
– annoncer un événement familial	☐	☐	☐	☐
– réagir à un événement familial	☐	☐	☐	☐
– parler de ma famille	☐	☐	☐	☐
– indiquer la possession	☐	☐	☐	☐
– demander des nouvelles de quelqu'un	☐	☐	☐	☐
– donner de mes nouvelles	☐	☐	☐	☐
– exprimer une douleur physique	☐	☐	☐	☐
❋				
– appeler/répondre au téléphone	☐	☐	☐	☐
– réagir à un événement	☐	☐	☐	☐
– annoncer un événement proche ou récent	☐	☐	☐	☐
– parler d'une action récente	☐	☐	☐	☐
❋				
– évoquer des événements passés	☐	☐	☐	☐
– parler des grands événements de la vie d'une personne	☐	☐	☐	☐
– décrire quelqu'un physiquement	☐	☐	☐	☐
❋				
– rédiger les grands traits d'une biographie	☐	☐	☐	☐

	À L'ORAL		À L'ÉCRIT	
	Acquis	En cours d'acquisition	Acquis	En cours d'acquisition

DOSSIER 6 (A1 → A2)

Je peux comprendre

	À L'ORAL		À L'ÉCRIT	
	Acquis	En cours d'acquisition	Acquis	En cours d'acquisition
– une courte interview	☐	☐	☐	☐
– quand quelqu'un parle de sensations/perceptions	☐	☐	☐	☐
– quand quelqu'un exprime des sentiments	☐	☐	☐	☐
– des informations simples sur le climat, les saisons, les températures	☐	☐	☐	☐
❄				
– un extrait de brochure touristique	☐	☐	☐	☐
– des indications sur la localisation géographique	☐	☐	☐	☐
– la description simple d'un lieu géographique	☐	☐	☐	☐
❄				
– des infos touristiques sur les lieux et les activités proposées	☐	☐	☐	☐
– un programme de visite touristique d'une ville	☐	☐	☐	☐
– des suggestions/conseils d'activités futures	☐	☐	☐	☐
– quand quelqu'un parle de ce qu'il est en train de faire	☐	☐	☐	☐
– une lettre de vacances touristiques	☐	☐	☐	☐

Je peux m'exprimer et interagir

	À L'ORAL		À L'ÉCRIT	
	Acquis	En cours d'acquisition	Acquis	En cours d'acquisition
– parler des saisons	☐	☐	☐	☐
– parler de ma saison préférée	☐	☐	☐	☐
– parler du temps qu'il fait/a fait	☐	☐	☐	☐
– situer un événement dans l'année	☐	☐	☐	☐
– parler de mes sensations	☐	☐	☐	☐
– exprimer des sentiments	☐	☐	☐	☐
– prendre des notes à partir d'un document audio	☐	☐	☐	☐
❄				
– situer un lieu géographique	☐	☐	☐	☐
– présenter et caractériser un lieu géographique	☐	☐	☐	☐
– parler de mes activités de plein air	☐	☐	☐	☐
– rédiger un petit texte touristique	☐	☐	☐	☐
❄				
– conseiller des activités	☐	☐	☐	☐
– rédiger un programme de visites	☐	☐	☐	☐
– parler de mes activités touristiques	☐	☐	☐	☐
– parler de mes loisirs culturels	☐	☐	☐	☐
– écrire une courte lettre de vacances	☐	☐	☐	☐

DOSSIER 7 (A1/A2)

Je peux comprendre

	À L'ORAL		À L'ÉCRIT	
	Acquis	En cours d'acquisition	Acquis	En cours d'acquisition
– quand quelqu'un nomme des aliments	☐	☐	☐	☐
– quand quelqu'un parle de plats	☐	☐	☐	☐

	À L'ORAL		À L'ÉCRIT	
	Acquis	En cours d'acquisition	Acquis	En cours d'acquisition
– quand quelqu'un parle des ingrédients d'un plat	☐	☐	☐	☐
– un menu	☐	☐	☐	☐
– une interview sur les habitudes alimentaires	☐	☐	☐	☐
– une indication de quantité	☐	☐	☐	☐
– quelques expressions de la fréquence	☐	☐	☐	☐
❄				
– une page de magazine sur la mode	☐	☐		☐
– des appréciations sur l'apparence des personnes	☐	☐	☐	☐
– un prospectus publicitaire	☐	☐	☐	☐
– des suggestions/conseils vestimentaires	☐	☐	☐	☐
❄				
– une courte présentation d'objet	☐	☐	☐	☐
– la description d'un objet ou de sa fonction	☐	☐	☐	☐
❄				
– un court poème	☐	☐	☐	☐

Je peux m'exprimer et interagir

	À L'ORAL		À L'ÉCRIT	
– nommer des aliments	☐	☐	☐	☐
– parler de ma consommation alimentaire	☐	☐	☐	☐
– rédiger un menu	☐	☐	☐	☐
– indiquer des quantités	☐	☐	☐	☐
– parler de mes habitudes alimentaires	☐	☐	☐	☐
– parler de mes goûts alimentaires	☐	☐	☐	☐
– indiquer une fréquence	☐	☐	☐	☐
– comparer des habitudes alimentaires	☐	☐	☐	☐
❄				
– exprimer une appréciation positive/négative sur l'apparence d'une personne (vêtement, physique)	☐	☐	☐	☐
– nuancer mon appréciation	☐	☐	☐	☐
– conseiller quelqu'un sur son apparence/habillement	☐	☐	☐	☐
– décrire un vêtement (sa taille, sa couleur…)	☐	☐	☐	☐
❄				
– décrire un objet	☐	☐	☐	☐
– indiquer sa fonction	☐	☐	☐	☐
– indiquer son poids	☐	☐	☐	☐
– indiquer sa forme	☐	☐	☐	☐
– indiquer sa couleur	☐	☐	☐	☐
– indiquer sa matière	☐	☐	☐	☐
– indiquer son prix	☐	☐	☐	☐
– conseiller pour un cadeau de façon informelle dans le cadre d'une situation amicale ou familiale	☐	☐	☐	☐
– rédiger un court texte descriptif sur un objet pour un magazine	☐	☐	☐	☐
❄				
– parler de ma couleur préférée	☐	☐	☐	☐
– rédiger un court poème	☐	☐	☐	☐

	À L'ORAL		À L'ÉCRIT	
	Acquis	En cours d'acquisition	Acquis	En cours d'acquisition

DOSSIER 8 (A1/A2)

Je peux comprendre

	À L'ORAL – Acquis	À L'ORAL – En cours d'acquisition	À L'ÉCRIT – Acquis	À L'ÉCRIT – En cours d'acquisition
– quand quelqu'un parle d'un magasin	☐	☐	☐	☐
– des panneaux d'affichage dans les magasins	☐	☐	☐	☐
– un dialogue entre un commerçant et un client dans un magasin alimentaire	☐	☐	☐	☐
– la caractérisation de produits alimentaires	☐	☐	☐	☐
– quand quelqu'un parle de quantités précises	☐	☐	☐	☐
– une liste d'achats	☐	☐	☐	☐
❄				
– des annonces, des affiches de spectacles	☐	☐	☐	☐
– quand quelqu'un fait une offre limitée	☐	☐	☐	☐
– une réservation pour un spectacle	☐	☐	☐	☐
– quand quelqu'un propose une sortie	☐	☐	☐	☐
– quand quelqu'un exprime un point de vue sur une sortie	☐	☐	☐	☐
– quand quelqu'un demande des informations sur un spectacle	☐	☐	☐	☐
❄				
– une courte présentation de restaurant dans un magazine	☐	☐	☐	☐
– la description/caractérisation d'un restaurant	☐	☐	☐	☐
– le type de cuisine proposé	☐	☐	☐	☐
– quand quelqu'un passe une commande dans un restaurant	☐	☐	☐	☐
– quand quelqu'un recommande/conseille un plat	☐	☐	☐	☐
– quand quelqu'un manifeste sa satisfaction	☐	☐	☐	☐
– quand quelqu'un manifeste son mécontentement	☐	☐	☐	☐
❄				
– un témoignage sur le budget consommation	☐	☐	☐	☐
– une enquête/un classement des sorties et visites culturelles des Français	☐	☐	☐	☐
– des informations chiffrées, des statistiques	☐	☐	☐	☐

Je peux m'exprimer et interagir

	À L'ORAL – Acquis	À L'ORAL – En cours d'acquisition	À L'ÉCRIT – Acquis	À L'ÉCRIT – En cours d'acquisition
– nommer des commerces	☐	☐	☐	☐
– rédiger une liste d'achats précise	☐	☐	☐	☐
– préciser des quantités	☐	☐	☐	☐
– caractériser des produits alimentaires	☐	☐	☐	☐
❄				
– proposer une sortie en argumentant simplement	☐	☐	☐	☐
– faire une réservation	☐	☐	☐	☐
– exprimer mon opinion sur une sortie	☐	☐	☐	☐
– faire un commentaire positif/négatif à propos d'un spectacle	☐	☐	☐	☐
– exprimer une restriction	☐	☐	☐	☐
❄				
– caractériser un restaurant (lieu, ambiance, service, nourriture, prix...)	☐	☐	☐	☐
– commander des plats au restaurant	☐	☐	☐	☐
– recommander/conseiller un plat	☐	☐	☐	☐
– caractériser un plat	☐	☐	☐	☐

	À L'ORAL		À L'ÉCRIT	
	Acquis	En cours d'acquisition	Acquis	En cours d'acquisition
– donner une appréciation positive/négative sur un plat	☒	☒	☒	☒
– manifester ma satisfaction	☒	☒	☒	☒
– exprimer mon mécontentement	☒	☒	☒	☒
– recommander ou déconseiller une adresse gastronomique	☒	☒	☒	☒
– justifier mon choix simplement	☒	☒	☒	☒
❄				
– parler de mon budget consommation	☒	☒	☒	☒
– parler de mes sorties culturelles	☒	☒	☒	☒
– exprimer mes priorités dans mes loisirs	☒	☒	☒	☒

DOSSIER 9 (A1/A2)

Je peux comprendre

	À L'ORAL		À L'ÉCRIT	
	Acquis	En cours d'acquisition	Acquis	En cours d'acquisition
– l'évocation de souvenirs	☒	☒	☒	☒
– un souvenir d'enfance	☒	☒	☒	☒
– l'évocation de la vie autrefois	☒	☒	☒	☒
– la description de lieux du passé	☒	☒	☒	☒
– l'expression de l'opinion sur un lieu de vie	☒	☒	☒	☒
– la comparaison de conditions de vie : avantages et inconvénients	☒	☒	☒	☒
– une interview à la radio sur un sujet familier	☒	☒	☒	☒
– quand quelqu'un explique ses raisons simplement	☒	☒	☒	☒
❄				
– la description simple d'une habitation (l'extérieur et l'intérieur)	☒	☒	☒	☒
– quand quelqu'un parle du mobilier	☒	☒	☒	☒
– la fonction des pièces	☒	☒	☒	☒
– des transformations liées à l'habitation	☒	☒	☒	☒
– des changements dans le temps	☒	☒	☒	☒
❄				
– quand quelqu'un demande des informations simples sur le logement	☒	☒	☒	☒
– une petite annonce immobilière	☒	☒	☒	☒
– des abréviations sur le logement	☒	☒	☒	☒
– la caractérisation d'un logement	☒	☒	☒	☒
– un témoignage sur la cohabitation	☒	☒	☒	☒
❄				
– un court texte de style littéraire	☒	☒	☒	☒

Je peux m'exprimer et interagir

	À L'ORAL		À L'ÉCRIT	
	Acquis	En cours d'acquisition	Acquis	En cours d'acquisition
– évoquer des souvenirs d'enfance	☒	☒	☒	☒
– évoquer une situation ancienne	☒	☒	☒	☒
– comparer des situations anciennes et actuelles	☒	☒	☒	☒
– caractériser simplement des conditions/lieux de vie	☒	☒	☒	☒
– caractériser une situation de vie positivement et négativement	☒	☒	☒	☒
– rédiger un court témoignage pour un magazine	☒	☒	☒	☒
– exprimer mon opinion sur mes conditions de vie	☒	☒	☒	☒
❄				

	À L'ORAL		À L'ÉCRIT	
	Acquis	En cours d'acquisition	Acquis	En cours d'acquisition
– décrire une habitation de façon simple	☐	☐	☐	☐
– nommer des meubles	☐	☐	☐	☐
– expliquer des transformations	☐	☐	☐	☐
– situer un événement dans le temps	☐	☐	☐	☐
– raconter un souvenir lié à une habitation	☐	☐	☐	☐
❄				
– demander des informations sur un logement	☐	☐	☐	☐
– caractériser un logement	☐	☐	☐	☐
– parler de mes relations de cohabitation	☐	☐	☐	☐
– raconter une expérience de vie quotidienne	☐	☐	☐	☐
– exprimer une opinion sur mes relations	☐	☐	☐	☐
– rédiger une petite annonce	☐	☐	☐	☐
❄				
– exprimer mon opinion sur un lieu de vie	☐	☐	☐	☐
– rédiger un court texte de style littéraire	☐	☐	☐	☐
– évoquer le souvenir d'une habitation	☐	☐	☐	☐

HORIZONS (A1/A2)

Je peux comprendre

– une bande dessinée	☐	☐	☐	☐
– la description de comportements	☐	☐	☐	☐
– l'évocation de différences culturelles	☐	☐	☐	☐
– la comparaison de comportements	☐	☐	☐	☐
– l'expression de réactions psychologiques	☐	☐	☐	☐
– des pancartes/instructions dans les espaces publics	☐	☐	☐	☐
– une interdiction	☐	☐	☐	☐
– une recommandation	☐	☐	☐	☐
– un texte sur le savoir-vivre/les coutumes d'un pays	☐	☐	☐	☐
– un questionnaire culturel français	☐	☐	☐	☐

Je peux m'exprimer et interagir

– exprimer mon opinion sur un comportement	☐	☐	☐	☐
– comparer des coutumes	☐	☐	☐	☐
– recommander/autoriser/interdire	☐	☐	☐	☐
– donner des instructions simples	☐	☐	☐	☐
– demander/donner un conseil pour apprendre	☐	☐	☐	☐
– rédiger quelques règles de savoir-vivre	☐	☐	☐	☐
– répondre à un questionnaire culturel français	☐	☐	☐	☐

LISTE DES ENREGISTREMENTS CONTENUS DANS LE CD DU LIVRE DE L'ÉLÈVE

ALTER EGO 1 - CD ÉLÈVE

1. Copyright

FENÊTRE SUR...
2. Activité 2
3. Activité 9
4. Activité 14

DOSSIER 1 - LES UNS, LES AUTRES
Leçon 1 - Sur le campus
5. Activité 2
Leçon 2 - M, comme médiathèque
6. Activité 1
Leçon 3 - En direct de TV5
7. Activité 2

DOSSIER 2 - ICI, AILLEURS
Leçon 1 - Le quartier a la parole
8. Activité 1
Leçon 2 - Passer une nuit...
9. Activité 2
10. Activité 10

DOSSIER 3 - DIS-MOI QUI TU ES
Leçon 2 - Toujours célibataire ?
11. Activité 11
Leçon 3 - J'ai rendez-vous avec vous
12. Activité 1

DOSSIER 4 - UNE JOURNÉE PARTICULIÈRE
Leçon 1 - Au fil des heures
13. Activité 1
Leçon 3 - Jours de fête
14. Activité 3

DOSSIER 5 - VIE PRIVÉE, VIE PUBLIQUE
Leçon 1 - Carnet du jour
15. Activité 8
Leçon 2 - Familles d'aujourd'hui
16. Activité 1

DOSSIER 6 - VOYAGES, VOYAGES
Leçon 1 - Revenir à Montréal
17. Activité 3
Leçon 2 - La France des trois océans
18. Activité 4
Leçon 3 - Bruxelles, cœur de l'Europe
19. Activité 6

DOSSIER 7 - C'EST MON CHOIX
Leçon 1 - Les goûts et les couleurs
20. Activité 2
21. Activité 6
Leçon 2 - Quelle allure !
22. Activité 13
Leçon 3 - Des cadeaux pour tous
23. Activité 5

DOSSIER 8 - POUR LE PLAISIR
Leçon 1 - Pour quelques euros de plus
24. Activité 2
25. Activité 9
Leçon 2 - Les feux de la rampe
26. Activité 4
27. Activité 9
Leçon 3 - Un dîner en ville
28. Activité 5

DOSSIER 9 - LIEUX DE VIE
Leçon 1 - Changement de décor
29. Activité 11
Leçon 2 - Votre maison a une âme
30. Activité 10
Leçon 3 - Cherchons colocataires
31. Activité 4
32. Activité 7

HORIZONS
33. Activité 8

Imprimé en Italie par Rotolito Lombarda
Dépôt légal : 07/2011 - Collection n°05 - Edition n°13 - 15/5421/1